CHICAS

tus sueños, tu identidad y tu mundo

Carina Valerga

CHICAS

tus sueños, tu identidad y tu mundo

Carina Válerga

La misión de Editorial Vida es ser la compañía líder en satisfacer las necesidades de las personas con recursos cuyo contenido glorifique al Señor Jesucristo y promueva principios bíblicos.

CHICAS - TUS SUEÑOS, TU IDENTIDAD Y TU MUNDO
Edición en español publicada por
Editorial Vida – 2014
Miami, Florida

Este título también está disponible en formato electrónico.

Edición: *Madeline Díaz*
Diseño interior: *Luvagraphics*

ISBN: 978-0-8297-6549-6
CATEGORÍA: JUVENIL NO FICCIÓN / Cristianismo / Vida Cristiana

DEDICATORIA

¡Que ironía! Le dedico este libro para chicas a mis tres muchachos: Sergio, Sergito y Alan Valerga. Son lo más precioso que tengo y los amo desde lo más profundo de mi corazón. Gracias por inspirarme con su ternura y por creer en mí y apoyar mis proyectos. Sergio, gracias por velar siempre porque yo también me sienta realizada. ¡Te amo!

Lo dedico a Jesucristo como una herramienta que bendiga a todas las adolescentes y jovencitas de la tierra. No son las palabras, sino el Espíritu detrás de ellas el que puede hacer lo que yo no puedo y llegar a donde a mí no me es posible.

Lo dedico a una generación de señoritas valientes, apasionadas por Dios y comprometidas con su llamado. De todo corazón y porque creo en ustedes. ¡Añoro el momento en que pueda ver todo lo que son capaces de hacer al ponerse en manos del Señor!

¡Vamos, chicas latinas!

CONTENIDO

1. Tu mundo 11

2. Tus convicciones 13

3. Tus padres 15

4. Tus hermanos 17

5. Tus amigos 19

6. Tus habilidades 25

7. Tus metas 27

8. Tus emociones 29

9. Tu autoimagen 31

10. Tus hobbies 33

11. Tus decisiones 35

12. Tus pensamientos 39

13. Tu cuerpo 43

14. Tu pasión 45

15. Tu salud 47

16. Tu tiempo 49

17. Tus problemas 51

18. Tu soledad 53

19. Tus temores 55

20. Tu plenitud 57

21. Tu personalidad 59

22. Tu identidad secreta 61

23. Tu mundo virtual 63

24. Tu femineidad 65

25. Tu belleza externa 67

26. Tu belleza interna 71

27. Tu vocación 75

28. Tu destino 79

29. Tus viajes 81

30. Tu pasado 83

31. Tu «yo» en diez años 85

32. Tu sexualidad 87

33. Tu novio 89

34. Tus límites 91

35. Tu momento de «escapar» 93

36. Tu comunidad 97

37. Tu actitud — 99

38. Tu intimidad — 101

39. Tu clóset — 103

40. Tu Twitter — 105

41. Tus mentores — 109

42. Tus modales — 113

43. Tu relación con los demás — 115

44. Tu pureza — 117

45. Bonus: la otra cara del placer — 121

Palabras finales — 133

1. TU MUNDO

Como el mundo de todas las chicas, mi mundo es amplio, variado, complejo y divertido. Está lleno de emociones, distracciones y sueños. Se parece mucho a un camino sinuoso, con altas y bajas.

Encontré varias facetas que pude descubrir, y estoy segura de que como mujer joven te sentirás identificada con mi mundo, porque también es el tuyo... el mundo de las chicas.

¡La época en la cual nos toca vivir es muy particular y superemocionante! Nuestro mundo es fascinante y sorprendente. Las chicas de hoy somos fuertes, emprendedoras, luchadoras, no nos damos por vencidas. Tenemos aspiraciones. Soñamos con casarnos, formar una familia, progresar y muchas cosas más. El mundo de las chicas es, definitivamente, un mundo muy especial. Te invito a que en las siguientes páginas reflexionemos sobre las áreas que considero que son las más trascendentales de nuestro mundo de chicas. En cada capítulo encontrarás desafíos, sugerencias prácticas y una que otra tarea para realizar.

Además, puedes hacer de este libro un diario íntimo donde registrar tus vivencias e historias personales, y al final del camino, también tendrás la satisfacción de conocerte un poquito más y llegar a ser una chica mejor.

2. TUS CONVICCIONES

Alguien dijo alguna vez que somos lo que pensamos. O si lo vemos desde otro ángulo, podemos asegurar que nuestros pensamientos e ideas condicionan toda nuestra vida. Según la Real Academia Española de la Lengua, las convicciones son ideas religiosas, éticas o políticas a las que una persona está fuertemente adherida. Me gusta representarlas de esta manera: ellas son el fundamento que sustenta nuestro comportamiento y justifica nuestras acciones.

Tus creencias y convicciones, querida amiga, son determinantes para marcar el curso de tu vida. Todo lo que te rodea se verá influido, directa o indirectamente, por la línea de valores provenientes de tus convicciones. Por eso es muy importante que más allá de lo que tus padres o tutores te hayan inculcado al crecer y durante el desarrollo de tu vida, tomes tu propia decisión tocante a este punto.

Decide sabiamente. No te dejes presionar o influenciar por gente que no estés segura que quiere tu beneficio.

Mi consejo, si me permites dártelo de alguna manera, es el siguiente: Decide por Dios. Debido a que él es nuestro Creador, estoy convencida de que no hay nadie más confiable a quien encomendarle tus días, tu tiempo, tu vida y tus fuerzas.

Mis convicciones son una parte esencial de mi propio mundo de chica. Si algo les agradezco a mis padres, más allá de sus aciertos y errores, es que me criaran guiados por la Palabra de Dios. Ese amor precioso e incondicional que pude experimentar desde pequeña de parte de un Dios tierno, paternal y compasivo, creó en mí una fuerza interna y una seguridad determinantes para llegar a ser quien soy hoy. Honrar a Dios con mi vida, mis acciones y decisiones también me llevó a escoger de manera sabia mis amistades y asociarme con la gente correcta.

Tu decisión por Dios hoy resulta fundamental para tu éxito de mañana.

Consultarle a él, que fue quien te creó y planeó en su corazón cosas grandes para ti, es tu mejor inversión. Leer su carta de amor para ti, la Biblia, te dará sentido y dirección. Ella se convertirá en tu GPS para llevarte a un destino increíble.

Si nunca tomaste la decisión personal de seguir a Cristo y quieres hacerlo ahora mismo, simplemente dile con tu propia voz y todo tu corazón estas palabras a Jesús:

Querido Jesús, hoy decido aceptarte en mi corazón. Por favor, perdona mis pecados y ven a vivir en mí. Guíame hacia los lugares que has soñado para mí y ayúdame en esta nueva vida. Llena mis días de alegría y de tu amor incondicional. Amén.

Dedica unos minutos a pensar a cuántas de tus amigas les haría falta tomar una decisión en serio por Jesús. Y cuando tengas la oportunidad, comparte esa libertad con cada una de ellas. Si ya pensaste en sus nombres, a continuación te dejo un espacio para que los anotes y puedas orar diariamente por ellas:

_____

_____

_____

_____

«Pero si a ustedes les parece mal servir al Señor, elijan ustedes mismos a quiénes van a servir [...] Por mi parte, mi familia y yo serviremos al Señor».
Josué 24:15

3. TUS PADRES

Partamos del punto de que ninguna de nosotras pudo elegir quiénes serían sus padres. Ya sea que hablemos de padres biológicos o padres adoptivos, tenemos que creer que el plan de Dios para nuestras vidas incluía a los que hoy conocemos como nuestros «padres».

¿Sabías que la opinión que más le importa a todo ser humano es la de sus padres? Queramos o no admitirlo, podemos soportar las burlas de nuestros compañeros en la escuela, las críticas de algún profesor, o las palabras negativas de algún pariente. Sin embargo, definitivamente, ninguna de esas opiniones nos afectará tanto como la opinión que salga de la boca de nuestros padres. ¡Que increíble es que Dios haya dispuesto que todo ser humano nazca del núcleo del papá y la mamá! Este constituye el lugar de mayor seguridad para toda criatura.

Hoy en día, es muy común que las chicas provengamos de hogares fragmentados, donde alguno de los dos padres faltó o estuvo ausente. Por eso, si tienes la dicha de tener a tus dos padres, ¡disfrútalos y aprovéchalos! Exprésales claramente tu gratitud y amor sin dar nada por hecho. Es decir, hazte el hábito diario de decirles cuánto los amas. Una clave para mostrarles tu amor sin necesidad de usar palabras es simplemente obedecerles, confiar en sus decisiones y demostrarles que ellos también pueden confiar en ti.

Si has tenido problemas con tus padres o la relación no ha sido muy buena últimamente, intenta dar pasos que te acerquen más a ellos a fin de recomponer la relación. Acuérdate que tus padres constituyen uno de los pilares más importantes de tu mundo, así que cualquier inversión en tiempo de calidad con ellos siempre te va a beneficiar.

Dios nos dice en la Biblia que honremos a nuestros padres, porque de esa manera viviremos más años saludables en esta tierra. Y déjame decirte, querida amiga, que honrar a los padres es mucho más que respetarlos, también implica no juzgarlos.

¿Sabes algo? Por lo general, eso que nos molesta de nuestros padres, esas actitudes o errores que vemos de manera evidente en ellos y prometemos que nosotras nunca cometeremos con nuestros propios hijos en el futuro, eso tan temido y que tanto daño nos ha hecho de sus comportamientos... ¡termina siendo justamente lo que repetimos cuando nos toca convertirnos en madres! Dios no nos ha puesto como sus jueces, sino que esa es su tarea. Lo que sí nos toca a ti y a mí es amarlos (aunque muchas veces nos cueste, ya que nadie dice que sea fácil, pero sí es lo más sabio) y obedecerles.

Y amiga, de ti depende también ganarte su confianza.

× ¿Pueden tus papás confiar en ti?

× ¿Eres sincera con ellos?

× ¿Les ocultas cosas de las que deberían estar enterados?

× ¿Cómo respondes en los momentos de tensión?

× ¿Cuál es tu reacción ante su corrección?

Hay mucho como hija que puedes hacer para que esta relación tan importante sea genuina y placentera.

Por lo tanto, ¿qué te parece si ponemos manos a la obra ya mismo? Dedica unos minutos a pensar en tres virtudes que aprecias de cada uno de ellos. Usa este libro como un diario que te permita registrar tus pensamientos. Seguramente encontrarás muchas más de tres razones para admirar a estas dos personas:

Mi mamá

1. _____

2. _____

3. _____

Mi papá

1. _____

2. _____

3. _____

Ahora puedes dar un paso más allá. Asegúrate de que tus padres se enteren de que tanto tú como los demás pueden ver estas cualidades positivas en ellos. ¡Sé creativa! Déjales una notita, sorpréndelos con un regalo, envíales un texto, un e-mail, o simplemente déjales un mensaje sorpresa por teléfono. ¡Sí, ya sé que nuestros padres también cometen errores! Sin embargo, ¿qué te parece si hoy los pasamos por alto?

4. TUS HERMANOS

Podríamos definir a nuestros hermanos y hermanas de sangre o adoptivos como esas personas indispensables a nuestro lado que no escogemos, sino que Dios eligió para nosotros. ¡Tremendo! Es como si Dios hubiese pensado: «Carina, yo creo que el complemento perfecto para tu niñez (y en realidad para toda tu vida) es un hermano varón, mayor que tú, con quien puedas jugar, reír y compartir tu vida». Entonces diseñó a Silvio, mi único hermano. Aunque, como él es el más grande, seguramente el pensamiento de Dios fue al revés: «Silvio, creo que necesitas una hermanita más chiquita, colorada, con pecas y muy parlanchina para compartir tu niñez, divertirte... ¡y aprender a tener mucha paciencia!». Y ahí aparecí yo en escena.

Bueno, podría haber sido algo así. Me gusta imaginarme lo que Dios pensó cuando planeó cada familia.

¡Y ni hablar de lo que se sentirá al tener un hermano gemelo o mellizo! Esta debe ser una experiencia increíble. ¡No obstante, ya sea que te haya tocado tener muchos, o al menos un solo hermano como a mí, disfruta de ellos!

No podemos negar que hay momentos de peleas, berrinches, algo de celos y competencia entre hermanos, pero si cualquiera de las circunstancias que estás atravesando con tus hermanos o hermanas llega a quitarte la felicidad y privarte de disfrutar de la vida, hay algo que arreglar.

Te animo a que te esfuerces para mejorar la relación con esta o estas personas que te acompañarán por el resto de tu vida.

Si las cosas han pasado a mayores, las discusiones han subido de tono y los rencores están a flor de piel, creo que uno de los dos (por lo general el más sensato) deberá tomar la decisión de reparar la relación.

El primer paso para perdonar es desarraigar el egoísmo. Si pensamos primero en dar, si ponemos primero a los demás que a nosotros mismos, nos será más fácil perdonar. La falta de perdón es como un veneno silencioso que nos destruye por dentro.

Piensa que tu buena relación con tus hermanos de sangre o adoptivos le brindará a tus propios hijos relaciones saludables con sus tíos y primos.

¡Exprésales tu amor! No sé si te habrá sucedido, pero con frecuencia nos resulta más difícil expresarles abiertamente nuestro cariño a las personas que más cerca tenemos. Es como si lo diéramos por hecho y nos costara un montón sacar de nuestra boca un «te quiero», «te aprecio», «te admiro» y hasta un «te amo».

Como dicen los viejitos llenos de sabiduría: «No dejes para mañana lo que puedas hacer hoy». Exprésale a tu hermano o hermana de sangre o adoptivo cuánto lo amas.

¡Vamos, amiga! Aquí te dejo unas líneas para que registres cómo te fue con tu decisión de demostrarle tu amor a tu(s) hermano(s) y/o hermana(s):

_____

_____

_____

_____

_____

_____

_____

_____

5. TUS AMIGOS

La gente que te rodea y con la que frecuentas es mucho más importante de lo que te imaginas, ya que puede ayudarte a sacar lo mejor de ti o llevarte a la ruina.

Le doy gracias a Dios por haberme rodeado en mi adolescencia de verdaderos amigos y amigas que fueron en todo tiempo una influencia positiva para mí.

¡Y lo bueno es que tienes la decisión de elegir a tus propios amigos! Ya no ocurre como con tus padres y hermanos, a los que no puedes escoger. Tienes la posibilidad de elegir quiénes serán tus amigos.

Alguien genuino, que se alegra por tus éxitos y te ayuda a levantarte cuando te caes, es tu amigo. Esa persona que está dispuesta a escucharte y darte de su tiempo también es tu amiga.

No obstante, el que insiste para que hagas algo que no quieres, definitivamente no es tu amigo. El que te conduce a la autodestrucción mediante el uso de drogas, alcohol, cigarrillos, pornografía y tantos otros malos hábitos, se convierte en una seria amenaza para ti.

- × Un verdadero amigo te impulsa. Un falso amigo te detiene.

- × Un verdadero amigo celebra tus triunfos. Un falso amigo te tiene envidia.

- × Un verdadero amigo te anima a estudiar y superarte. Un falso amigo intentará que caigas en su misma mediocridad.

- × Un verdadero amigo respetará tus límites y valores personales. Un falso amigo pretenderá interponerse en tu vida y absorberte de manera enfermiza.

Un verdadero amigo tiene la capacidad de pedir perdón cuantas veces sea necesario, aun sin tener la culpa, con la finalidad de proteger la amistad. Un falso amigo no mide sus palabras y es capaz de herirte con tal de no admitir sus errores.

¡La amistad es un regalo de Dios! Dedica un tiempo para celebrar a esas personas que han pasado por tu vida a fin de darle un nuevo color, imprimir alegría y traer una inmensa satisfacción.

Identifica al menos a cinco verdaderos amigos y escribe sus nombres a continuación.

1. _____

2. _____

3. _____

4. _____

5. _____

¿Ya los identificaste? ¡Buenísimo! Avancemos un pasito más allá. Toma nota de sus cumpleaños, asegúrate de saber cuáles son sus gustos, actividades favoritas y pasatiempos preferidos, y no te olvides de llamarlos en las fechas importantes de su vida. Dedica momentos específicos para ponerte al día con ellos, escucharlos y recuperar el tiempo perdido, que se nos va entre las manos por nuestras vidas ocupadas.

Aprende a escucharlos con atención para saber qué cosas les duelen, preocupan y angustian. Llámalos, envíales un e-mail o un mensaje de texto simplemente para darles palabras de ánimo y recordarles lo importante que son para ti.

> *«El hombre que tiene amigos, ha de mostrarse amigo; y amigo hay*
> *más unido que un hermano».*
> *Proverbios 18:22*

Ahora enfoquémonos solamente en nuestros amigos varones para descubrir cómo podemos cuidar el vínculo de la amistad que nos une a ellos. Hemos sondeado la mente de los muchachos y obtenido algunas de sus opiniones sobre la amistad. He aquí algunas cosas que los chicos nos dijeron y quieren que nosotras sepamos sobre este tema. ¡Presta mucha atención! (Tomado de *Tal para cual* de Sergio y Carina Valerga, Editorial Mundo Hispano.)

1. No leas entrelíneas.

Hay chicos que simplemente disfrutamos de nuestra amistad con las chicas y no pretendemos pasar al terreno del noviazgo con ellas. Y chicas, la verdad es que ustedes ven por ahí cosas que no existen y tienden mucho a ilusionarse con sus amigos. Si yo tengo la intención de pasar contigo a una relación romántica, te lo voy a hacer saber. Mientras tanto, quiero saber que puedo contar contigo como una buena amiga. Las malas interpretaciones a veces pueden hasta arruinar una bonita amistad.

2. No me critiques.

Como mi amiga, espero que tal como lo hace una hermana de sangre, me cuides las espaldas. Por favor, si tienes algo que decirme, dímelo de frente. No lo divulgues con todas tus amigas antes de hablarlo conmigo. Esto es algo muy doloroso para mí como hombre.

3. Trátame como si fuera tu hermano mayor.

Esto te va a ayudar para que no crees en mí falsas ilusiones y te comportes con decoro. Aunque la sociedad siempre busca segundas intenciones, el que seamos grandes amigos y nos comportemos como hermanos va a comprobar que una bonita amistad entre un hombre y una mujer es posible. De hecho, las amistades bien cimentadas duran para toda la vida, aun después de que cada uno se haya casado y tenga su propio hogar.

4. No juegues con mis sentimientos.

Chicas, no es justo que usen a un chico que saben que siente algo especial por ustedes como su mejor amigo. Si no estás verdaderamente interesada en ser mi novia, tampoco me ilusiones haciéndome creer que tengo oportunidades contigo. Tú no quieres que te use cuando me sienta solo, así que actúa con integridad emocional y cuida mi corazón también.

5. No seas tan dramática.

Me pone de muy mal humor cuando llegas y me haces un escándalo por nada. Cuando me tratas mal y me gritas. Aunque estés en «esos días del mes», acostúmbrate siempre a respetar a tus amigos y no dramatizar tanto las cosas. Si aprendes a controlar tus reacciones desde ahora, te será fácil controlarlas con tu futuro novio y esposo.

6. No estés siempre recordándome las cosas malas del pasado.

No seas tan rencorosa como para sacar a relucir una y otra vez las discusiones, peleas y diferencias del pasado. A los chicos nos gusta que hables las cosas y las resuelvas inmediatamente. Tampoco permanezcas herida con asuntos sin resolver. Fíjate que nosotros somos bastante más transparentes en cuanto a esto. Ustedes tienden a ser mucho más rencorosas. Confronta las situaciones, resuélvelas y no te quedes atascada en el pasado. Resuelve el problema y avanza.

7. Sé divertida y ríete conmigo.

A los chicos nos encanta hacerlas reír, que nos divirtamos juntos y que ustedes se animen a salirse un poco de sus estructuras. Nos gusta mucho que nos festejen nuestras locuras, bromas, chistes, etc. Atrévete a sorprenderme, sé ocurrente, espontánea, no te preocupes si te despeinas en un día de viento, disfruta al máximo lo hermoso de la amistad.

8. No esperes que lea tu mente.

Los chicos somos malísimos para eso, aunque ustedes sean muy buenas. Por favor, si quieres decirme algo, abre la boca y dímelo. Dime cómo te sientes. No trates de insinuármelo, porque simplemente no me doy cuenta. Tampoco hagas un drama de pequeños problemas, porque poco a poco iré alejándome y perderás mi amistad.

9. No actúes con sensualidad.

Tus actitudes, tu postura, tus palabras y tu forma de vestir sensuales solo van a atraer a la clase de chicos que tienen problemas con el pecado sexual. Si quieres tener amigos saludables, compórtate como una señorita con estándares de santidad altos.

10. Recuerda que soy visual.

Aunque seamos amigos, no te olvides de que los chicos somos muy visuales. Así que, por favor, no te vistas provocativamente, ya que aunque quizás pienses que como un amigo tengo que poder controlar esto, la verdad es que no puedo hacerlo. De modo que cuida cómo te vistes.

11. Ayúdame a ser el hombre de carácter que quiero ser.

Sé que no me oyes hablar mucho sobre esto, pero creo que es porque he fallado ya muchas veces. Los chicos somos muy exigentes con nosotros mismos y detestamos cada vez que nuestros ojos se desvían a ver cosas obscenas en la Internet. Nos duelen nuestros fracasos y debilidades. Por favor, llévanos siempre a hablar de cosas espirituales. Ya saben que nosotros no somos muy buenos para hablar, pero en lo íntimo lo anhelamos. Cuando veas que estoy haciendo algo que agrada a Dios, hazme saber que lo notas y felicítame. Necesito saber que me ayudas a estar cerca de Dios.

Amiga, simplemente tómate un tiempo para reflexionar sobre todos estos puntos y pídele a Dios que te ayude a crear hábitos a fin de ser siempre una gran bendición para tus amigos varones.

6. TUS HABILIDADES

Me encanta la definición de habilidad:

*«Capacidad, inteligencia y disposición para realizar algo,
lo que se realiza con gracia y destreza».*

Todas las chicas somos poseedoras de una o varias habilidades. Seguramente a esta altura de tu adolescencia o juventud ya has identificado las tuyas o tienes una idea de lo que te estoy hablando. Si todavía dudas sobre cuáles son tus habilidades, déjame hacerte tres preguntas que me ayudaron mucho a identificar las mías:

A. ¿Qué te gusta hacer?

B. ¿Qué cosas haces bien?

C. ¿Qué te dice la gente que te rodea que haces bien?

Recuerda que puedes encontrar más de una habilidad. ¡De modo que al buscar las tuyas, no te limites! Deja volar tu imaginación e intenta no compararte con los demás. Nuestro Padre ha empleado tiempo y mostrado gran dedicación para diseñarnos completamente diferentes, únicos e individuales, así que es muy probable que poseas cualidades, talentos y habilidades diferentes a todos los que te rodean. Encuentra ese rasgo que te hace única y especial, el cual seguramente está muy vinculado a la razón por la que estás en esta tierra y Dios te ha creado.

Solo por mencionar algunas habilidades y abrir un poco tu mente, aquí te van algunas ideas: cocinar, cantar, tocar un instrumento, escuchar, aconsejar, escribir, investigar, defender, realizar manualidades, decorar, inventar, resolver problemas, comunicarte con los demás, sacar cuentas, organizar, ordenar, armar, desarmar, construir, planificar, interactuar con la tecnología, programar y muchísimas otras cosas.

¡Genial! Ahora que identificaste tus destrezas, no te quedes ahí. Invierte tu tiempo, energía y estudio en desarrollar esas habilidades al máximo. Prepárate, investiga, capacítate, practica, estudia sobre esos temas. El éxito no reside en haber identificado tus talentos, sino más bien en sacarles brillo y volverte experta en lo que eres buena. Considera estudiar una carrera afín y dedícate a ello con todo tu esfuerzo. Da lo mejor de ti al desarrollar esto que disfrutas hacer y para lo que eres buena, porque con el tiempo ese será el talento que te retribuirá económicamente. Y si haces lo que te gusta y además te pagan por hacerlo, buenísimo, ¿cierto?

Busca personas que tienen la misma habilidad y te producen gran admiración, y acércate a ellas. Encuentra a alguien que ya haya recorrido el mismo camino y tenga éxito, y pregúntale los secretos que lo llevaron allí.

¡Y por último, no te olvides de disfrutar el proceso! Es increíble el potencial que nuestro Dios ha puesto en cada una de nosotras. Piensa en ese Dios Creador, diseñador e inventor. ¡Luego abre tu mente para entender que el Espíritu Santo de Dios, el creativo por excelencia, vive dentro de ti! Disfruta esta etapa en la que vas descubriendo esas destrezas con las que Dios te ha dotado y no le pongas límites a tu imaginación. Dios tiene expectativas contigo que superan tus sueños más ambiciosos. Entregarle estas capacidades a tu Padre te permitirá sacar el mayor provecho de ellas y traerle gloria a Dios.

¡Adelante amiga! Escribe algunas de tus habilidades aquí:

_____

_____

_____

_____

«El éxito es la utilización máxima de la habilidad que tienes».
Zig Ziglar

7. TUS METAS

«Porque yo sé muy bien los planes que tengo para ustedes —afirma el Señor—, planes de bienestar y no de calamidad, a fin de darles un futuro y una esperanza».
Jeremías 29:11

Amiga, Dios te ha creado con la capacidad de proponerte cosas y llevarlas a cabo. Este es un regalo que toda chica posee, así que saca provecho de ello y sueña en grande.

Según la definición de la Real Academia Española, una meta es un fin al cual se dirigen tus acciones y deseos. Personalmente, me gusta definir las metas como las estaciones frecuentes en las que realizamos «paradas» mientras nos dirigirnos a nuestro destino.

Si me dices que no tienes metas claras todavía, es comprensible. Aunque parezca extraño, no son muchas las personas a nuestro alrededor que se ocupan de enseñarnos esto de establecer metas. Lo que sí sé es que Dios te ha creado con un potencial maravilloso y solo necesitas identificar tus puntos fuertes para que te guíen a establecer las metas correctas.

Las metas están muy relacionadas con los talentos naturales que poseemos, por lo tanto, las preguntas que vimos en el capítulo anterior sobre las habilidades también te van a dar una pauta de las metas que quieras trazarte.

Además, es muy importante que definas metas a corto plazo y realistas, porque si son demasiado ambiciosas, quizás te frustres a mitad del camino al no ver los resultados tan pronto como los esperabas.

¡Escribe tus metas!

Escríbelas en grande.

No las dejes en un diario cerrado en un cajón.

Colócalas en un lugar al que recurres todos los días cuando te levantas... ¿el baño, quizás? Por loco que parezca, leer todas las mañanas esas metas te dará la energía y el ánimo suficientes para dirigirte hacia ellas cada día.

Como alguien dijo: «No te puedes comer un elefante de un solo bocado, pero sí trocito a trocito».

Levántate cada día con la determinación de que darás un paso que te acerque más a la concreción de tu meta.

> «La motivación es lo que te ayuda a empezar. El hábito te mantiene firme en tu camino». Jim Ryun

Por último, ¡ármate de paciencia! Tu meta se va a cumplir aunque conlleve un proceso y un tiempo. Ese tiempo te dará la madurez necesaria para crecer a la altura de tu objetivo. Y la determinación y la persistencia que pusiste en práctica te prepararán para las metas siguientes.

> «Si queremos dirigir nuestras vidas, debemos tomar control de nuestras acciones. No es lo que hacemos una vez lo que moldea nuestra vida, sino lo que hacemos constantemente». Anthony Robbins

Ponte en acción, amiga, y dedica un tiempo a meditar en esto. Pídele a Dios que te ayude a identificar al menos tres metas que quieras cumplir durante el próximo año (un plazo relativamente corto), así como a mediano y largo plazo:

1. Meta que quiero cumplir durante el próximo año:

_____

2. Meta a mediano plazo:

_____

3. Meta a largo plazo:

_____

8. TUS EMOCIONES

Como dije al principio de este libro, me parece que todas las chicas experimentamos una montaña rusa de emociones, las cuales muchas veces nos juegan una mala pasada. De por sí, como mujeres, somos sentimentales y muy emocionales. Y creo que esas son características buenas que todas compartimos. El problema surge cuando nos mostramos tan extremadamente emocionales, que dejamos que las circunstancias determinen nuestro estado de ánimo y no somos capaces de dominar nuestras reacciones y palabras, que pueden herir a los demás.

La Palabra de Dios nos dice que una de las cualidades que el Espíritu Santo de Dios produce en nosotras es el dominio propio. Así que una consecuencia de nuestro caminar con Dios tiene que ser la autodisciplina, la cual produce un balance en nuestras emociones.

¡No le echemos la culpa a «esos días» del mes en los que las hormonas femeninas están particularmente revolucionadas! Amiga, el balance emocional solo puede venir como resultado de un proceso de sanidad del alma. Y una vez más, la fuente de nuestra plenitud y restauración es el Creador.

¿Nunca te has enojado contigo misma por la forma en que reaccionas o te comportas con los demás? Yo sí. Hasta el día de hoy muchas veces me he sentido desilusionada por mis actitudes, palabras y reacciones. He aprendido que cuando noto que mis emociones están a flor de piel y me siento demasiado sensible, hay algún problema interno que tengo que resolver.

Quizás tengo que perdonar a alguien.

Quizás hay heridas que olvidar.

Quizás debo rendirme una vez más y volver a depender de Dios.

Quizás necesito desahogarme con alguien de confianza, que pueda escucharme y me aconseje sabiamente.

Quizás simplemente preciso hablar con Dios e intentar escucharlo cuando me susurra la verdad.

Amiga, gozar de salud emocional no es una utopía. Conozco muchas chicas que han encontrado la paz verdadera y un balance interno a través de la meditación en la Palabra de Dios.

Aun más, resulta indispensable que dediques tiempo a lograr tu plenitud emocional para que todas las demás relaciones (con tus padres, hermanos, amigos, pareja, hijos, etc.) se construyan sobre un cimiento bien fuerte.

En la adolescencia, las emociones se disparan y muchas veces nos hacen ver justo como no queremos que los demás nos vean: demasiado impulsivas, enojonas, arrebatadas, impacientes. Y lo único que logramos con ese comportamiento es advertirles a los demás que hay algo que no está bien en nosotros.

Si estás atravesando una crisis emocional o has notado una hipersensibilidad en ti últimamente, tómalo como algo muy serio. Sería bueno que dediques unos días a meditar, orar a Dios y hasta pedirle consejo a alguien de confianza que consideres que puede ayudarte a encontrar la paz interior.

Te dejo este espacio a continuación para que escribas en pocas palabras tu testimonio sobre cómo lograste encontrar el equilibrio y la paz en tus emociones. Aunque te lleve días llenar este espacio, tú puedes hacerlo. ¡Amiga, lucha por obtener la sanidad emocional!

_____

_____

_____

_____

_____

_____

_____

_____

9. TU AUTOIMAGEN

Me encanta la definición de autoimagen que da la escritora Joyce Meyer:

«Autoimagen es la foto que llevamos de nosotros mismos en nuestro interior».

Del mismo modo que los papás y abuelos llevan una foto de sus hijitos y nietos en su billetera o cartera, así podemos definir nuestra autoimagen.

Ya sé, no me tildes de anticuada. Vamos a modernizarnos un poco y mejor digamos que la autoimagen es como la foto que llevamos en nuestro Ipod o teléfono, ¿cierto? Eso suena un poco mejor, ¿no?

No obstante, permíteme ahora darte una mala noticia, amiga. Esa foto que vemos de nosotras mismas... ¡no es la verdad! Es decir, está distorsionada por nuestra propia perspectiva, nuestro pasado, nuestros errores, nuestras malas vivencias, nuestra culpabilidad y muchas cosas más. La imagen que vemos de nosotras mismas no es la imagen que ve Dios. Él nos ve a través de sus ojos llenos de amor, perdón y compasión.

A fin de volver a percibir la imagen original, tal como Dios la creó, es fundamental que nos acerquemos a él y conozcamos su opinión en cuanto a nosotras.

¿Cómo podemos conocer la opinión que Dios tiene de nuestra persona? Leyendo la carta que nos dejó escrita: la Biblia.

Si pudiéramos resumir en unas pocas palabras cómo Dios nos ve, podríamos decir que «él nos ama incondicionalmente y está muy contento con nosotras». Es verdad que muchas hemos tenido que enfrentar situaciones difíciles en nuestro pasado, no lo vamos a negar; y estoy segura de que cada una de nosotras tiene una historia diferente que contar.

No obstante, ¿por qué decidí incluir el tema de la autoimagen en este libro? Porque creo que necesitamos estar emocionalmente sanas a fin de desarrollar relaciones saludables con nosotras mismas y los demás.

Hasta que no nos aceptemos y aprobemos, ninguna cantidad de aprobación por parte de los demás nos dará un sentido de seguridad. La verdadera libertad llega cuando entendemos que no necesitamos luchar para obtener de las personas lo que Dios nos da gratuitamente: amor, aceptación, aprobación, seguridad, dignidad, valor y muchas otras cosas más.

Si no nos amamos a nosotras mismas, querida amiga, seremos incapaces de amar a otros. Así que dedica tiempo para trabajar en tu autoimagen. Deja que Dios susurre palabras llenas de verdad en tu interior. Deja que él pinte una nueva foto de acuerdo a la manera en que te ve.

¡Manos a la obra!

¿Qué cosas no te gustan de ti misma? Sé concreta. Aparta un tiempo ahora mismo y haz un inventario:

_____

_____

_____

_____

Ahora te propongo que tomes la decisión de desarrollar una actitud nueva y más positiva hacia tu persona y esas áreas difíciles. Proponte tener una buena opinión de ti a fin de reflejar esa libertad y amar a los demás. Recuerda que todo el tiempo proyectamos hacia otros lo que sentimos con respecto a nosotras mismas.

> «La manera en que te tratas a ti mismo establece los estándares de los demás para tratarte».
> Sonya Friedman

> «Existe una evidencia muy grande de que mientras mayor sea nuestra autoestima, vamos a poder tratar mejor a los demás».
> Nathaniel Branden

10. TUS HOBBIES

«No es lo que obtenemos, sino aquello con lo que contribuimos, lo que le da un significado a nuestras vidas». Anónimo

Amiga, ¿cuáles son tus hobbies? O dicho en otras palabras, ¿cuáles son las actividades que más disfrutas hacer en tu tiempo libre? Mis dos grandes pasiones son la música y el inglés, por eso dediqué gran parte de mi vida a prepararme en estas dos áreas y, gracias a Dios, pude recibirme de profesora y traductora de inglés, así como también de profesora de piano y canto. No obstante, si hay algo que les agradezco a mis padres, es que desde chiquita me involucraron en muchas y diversas actividades. Tomé clases de danza clásica, dibujo, pintura, bellas artes, natación y no sé cuántas cosas más. Aunque no era buena para todo ni terminé carreras en todas esas áreas, sí me ayudó mucho experimentar distintas actividades para descubrir otras cosas que me gustaba hacer. Hoy sigo disfrutando mucho de la música y el inglés, pero también he descubierto que me gusta hacer muchas más cosas que eso. Me encantan las manualidades, escribir, enseñar, cocinar, decorar, tomar fotos y mucho más.

¿Ya descubriste lo que más te gusta hacer? ¡Si por algo nos caracterizamos las chicas, es por nuestra creatividad! Así que, si todavía no has descubierto lo que más disfrutas, no tengo ninguna duda de que ya lo vas a averiguar. Lo bueno es que estás en una edad ideal para probar, intentar, soñar, planear y experimentar.

Sin embargo, hoy quiero desafiarte a ir un poco más allá.

¿Qué pasaría si tu hobby, además de ser algo entretenido y provechoso que te beneficia a ti, pudiera en alguna medida beneficiar a los demás?

¿Qué tal si algo de lo que disfrutas se convirtiera en un puente a fin de buscar el bien de otros?

¿Qué tal si eso que te encanta sirviera para dejar una huella en tu generación?

Hace un tiempo empecé a darme cuenta de que podía vincular mi hobby a la necesidad de alguien más con el objeto de suplirla. Por ejemplo, me percaté de que me gustaba mucho escribir, entonces decidí escribir algo que valiera la pena y pudiera bendecir a los demás. Sin embargo, esto es algo que va todavía más allá. ¿Por qué no unir mi hobby con el de alguien más para dejar huellas y ser de mayor ayuda a la necesidad que me rodea? Conozco gente apasionada por la justicia social, los huérfanos, la ayuda a los pobres. Ya existen organizaciones que están haciendo una diferencia en su comunidad. ¿Por qué no destinar parte del dinero que gane por lo que escribo para apoyar a alguna de estas organizaciones?

Piensa en un hobby que bendiga a los demás. Algo que te saque de tu comodidad y te recuerde que hay mucha gente en necesidad.

Quizás puedas ofrecer algo de tu tiempo a una organización que ayuda a la gente.

Quizás llevar comida a un orfanato.

Quizás donar dinero a algún hospital u hogar de ancianos.

Quizás destinar parte de tus ingresos a una organización que alimente a niños de la calle.

Piensa en términos de generaciones. ¿Cómo puedes, de alguna manera, pasar por esta vida dejando una huella?

Te asigno de tarea que mires este vídeo que te pondrá a pensar, así como me hizo reflexionar a mí. Lo encuentras en www.youtube.com con el título «Ejemplo de vida: Andressa Barragana (subtítulos en español)». Este es el link: http://www.youtube.com/watch?v=9FV3Ij1KvNc.

¿Ya lo viste, chica latina? ¡Pues entonces es hora de hacer algo!

Me encantaría que con el paso de los años puedas contar varias experiencias y testimonios en el siguiente espacio.

---

11. TUS DECISIONES

Este es un tema muy importante. Nuestras decisiones son como el timón de nuestra vida. Nos dan la dirección a la cual nos vamos dirigiendo y dibujan el mapa de nuestra travesía por la tierra. Ellas están total y completamente influenciadas por nuestras convicciones, principios y valores, además de por nuestra madurez.

A lo largo de nuestra vida nos toca tomar todo tipo de decisiones. Algunas son más importantes que otras. Algunas pueden parecer irrelevantes e insignificantes, como la decisión de qué ropa voy a usar hoy para ir a la escuela o al trabajo. No obstante, lo que tenemos que recordar es que toda decisión acarrea consecuencias.

Con el paso de los años nos toca tomar decisiones que son cada vez más trascendentales. Por ejemplo, pienso en mis hijos de diez y siete años. Las decisiones que ellos toman hoy son muy simples, ya que no implican una gran responsabilidad, como es el caso de Sergio y mío, que somos sus padres.

Mis hijitos tienen que decidir sobre cosas como: «¿Con qué juguete juego hoy?», «¿Hago la tarea ahora o más tarde?», «¿Qué deseo comer?». En general, aunque para ellos signifique un mundo de diferencia jugar con Optimus Prime o Bumblebee, los grandes sabemos que ese tipo de decisiones que ellos toman no cambiará el curso de sus vidas en lo más mínimo... aunque también somos conscientes de que como padres tenemos la responsabilidad de ayudarlos desde pequeños a pensar antes de tomar cada decisión y explicarles las consecuencias de elegir sabiamente o no.

Sin embargo, querida amiga, tú ya te encuentras en una etapa de la vida en la cual tus decisiones pesan, y mucho. Por eso es muy importante que pienses con cuidado antes de hacer ciertas elecciones que involucran tu cuerpo, tu salud emocional y en especial tu paz espiritual.

Decide con cuidado en cuanto a tus amigos. Recuerda que ellos ejercen una tremenda influencia sobre tu vida. Elige cuidadosamente a quién le abres la puerta de tu casa, a quién le confías cosas íntimas, a quién estás dejando influir en ti.

Decide con cuidado con quién te vas a casar. Esta es una de las decisiones más importantes de tu vida. No te apures, explora, conoce, comparte, evalúa. Más adelante vamos a hablar de una manera más específica sobre tu novio.

Decide no involucrarte en vicios, drogas o cualquier tipo de actividad que dañe tu cuerpo. Recuerda que las consecuencias pueden ser tremendas, y en ocasiones hasta irreversibles. No seas egoísta y recuerda que tus decisiones de hoy pueden llegar a afectar la vida de tus hijos cuando quedes embarazada. Da muestras de madurez y procura decidir con sabiduría.

Decide alimentar tu mente con las cosas correctas. Hay un dicho muy conocido que dice: «Basura entra, basura sale». Si dejas entrar basura a tu mente, permitirás que todo tu cuerpo se contamine, y lo único que podrá salir de él es basura. Decide no involucrarte con la pornografía, las fantasías sexuales, la masturbación y demás hábitos nocivos, que solo ensucian tu mente y se convierten en un peso que llevarás a tu matrimonio.

Decide sabiamente en cuanto al sexo. Demuestra madurez y recuerda las consecuencias. Todos hablan de los embarazos no deseados y abortos que miles de chicas latinas experimentan por acostarse o tener relaciones sexuales casuales, pero pocos hablan sobre la vergüenza, el sentimiento de suciedad que queda dentro de una, el arrepentimiento y la impotencia de no poder volver el tiempo atrás. Nadie habla de la desilusión de las personas que tienen expectativas con nosotras. Nadie habla de la vergüenza de no poder darle el regalo de tu virginidad al hombre que de verdad te va a amar, respetar y cuidar, ese que va a llegar hasta el matrimonio contigo.

Nunca decidas apurada o bajo presión. Tómate tu tiempo, piensa, evalúa, pon en la balanza los pros y los contras. Nunca decidas por pura emoción. A veces cometemos estupideces que después no podemos remediar.

Decide tu futuro. Elige una carrera que te apasione, para que cuando trabajes en eso puedas disfrutarlo. Nunca decidas lo que vas a estudiar comparándote con tus padres o hermanos. Nunca decidas lo que vas a estudiar solo para satisfacer el sueño que tus padres no pudieron cumplir, porque quizás ese no sea tu propósito en la vida. Ten la confianza de contarles a tus padres lo que en realidad te gustaría estudiar, y seguramente ellos te apoyarán. Vamos a dedicar un capítulo entero a hablar sobre el tema de la carrera, el cual es muy importante.

Decisiones, decisiones, decisiones. Decide siempre pensando también en tu paz espiritual. Decide pensando que cada noche podrás colocar tu cabeza en la almohada sintiéndote satisfecha y feliz contigo misma, porque hiciste todo lo que estaba a tu alcance para agradar a Dios y decidir en pro de tu propio bien y el de los demás. ¡Honra a tu Padre amoroso con todas tus decisiones!

Dedica un tiempo a anotar en las siguientes líneas algunas experiencias que hayas tenido en cuanto a tomar decisiones en el pasado:

_____

_____

_____

_____

_____

_____

_____

_____

_____

_____

_____

_____

_____

12. TUS PENSAMIENTOS

«La persona más influenciable con la que hablarás todo el día eres tú. Ten cuidado entonces acerca de lo que te dices a ti mismo». Zig Ziglar

«La persona promedio habla consigo misma alrededor de catorce horas diarias. Lo más sorprendente es que varias investigaciones han demostrado que más del ochenta por ciento de este diálogo interno es negativo, pesimista, contraproducente y con seguridad nos impide utilizar nuestro verdadero potencial. Leíste bien, la gran mayoría de nosotros nos encargamos de sabotear nuestro propio éxito con nuestro diálogo interno: estudiantes que van a presentar un examen o una prueba con la seguridad de que no lo van a aprobar; personas que se presentan a una entrevista de trabajo con la absoluta certeza de que no serán aceptados; vendedores que visitan a sus clientes para presentarles un nuevo producto, pero que inconscientemente están seguros de que serán rechazados. Tan absurdo como pueda parecer, muchas personas emplean gran parte del día pensando en cientos de problemas que aun no han sucedido, pero pueden llegar a suceder, repasando mentalmente sus debilidades, recordando errores pasados y caídas, ensayando una y otra vez los fracasos que desesperadamente buscan evitar.

»Nuestro diálogo interno influirá en nosotros y nos afectará mucho más de lo que podemos imaginarnos, y no hay nada que podamos hacer para evitarlo. La opción que sí tenemos es escoger entre utilizarlo como una herramienta de programación positiva o como un arma de autosabotaje. Recuerda que nuestra personalidad se forma como resultado de todo aquello que se nos dice mientras crecemos, independientemente de si es cierto o no». (Extraído del libro *Los genios no nacen... ¡se hacen!,* del Dr. Camilo Cruz.)

En la Biblia encontramos un versículo que describe cómo deben ser nuestros pensamientos:

«Consideren bien todo lo verdadero, todo lo respetable, todo lo justo, todo lo puro, todo lo amable, todo lo digno de admiración, en fin, todo lo que sea excelente o merezca elogio».

Filipenses 4:8

¿Recuerdas la frase que utilizamos en el capítulo anterior: «Basura entra, basura sale»? Si permites que entre basura a tu mente, solo podrá salir basura de tu boca y a través de tus acciones. Dios conoce todos tus pensamientos, amiga, y no hay manera de que, por vergonzosos que sean, puedas esconderlos de él. Si has estado luchando con pensamientos de derrota, pecado, culpabilidad, lujuria o muchas cosas más que buscan destruirte y avergonzarte, por favor, pídele ayuda a alguien de tu confianza que pueda orar contigo y empieza a llevar a cabo acciones que te saquen de ese lugar. Intenta reemplazar esos malos pensamientos por otros buenos. ¿Cómo? Dios nos dice que podemos limpiar nuestro camino y nuestra mente leyendo la Biblia. Intenta hacerte el hábito de comenzar tus mañanas meditando en un versículo de la Palabra de Dios, para que durante el resto del día recuerdes las cosas buenas y las promesas preciosas que Dios te hace en la Biblia. Eso te sostendrá a lo largo de tus tareas, estudio, trabajo y demás actividades.

Por demasiado tiempo hemos dejado que lo que otros piensan de nosotras nos angustie y nos condicione. Es tiempo de que creamos lo que Dios dice sobre nosotras. Él afirma que somos sus hijas, que nos ama y tiene planes mucho más grandes para nosotras de lo que podemos imaginarnos. Él nos asegura que si está con nosotras nadie podrá hacernos frente. Él asevera que oye cada una de nuestras palabras y está pendiente de nosotras. Dios te ama y dice muchísimas cosas acerca de ti. Busca en la Biblia y repasa cada mañana esas palabras de amor. Te van a sostener y animar a lo largo de todo el día.

> «Señor, tú me examinas, tú me conoces.
> Sabes cuándo me siento y cuándo me levanto;
> aun a la distancia me lees el pensamiento.
> Mis trajines y descansos los conoces;
> todos mis caminos te son familiares».
> Salmo 139:1-3

¿Que te parece, querida amiga, si buscas en la Biblia estos cinco versículos en los que Dios habla de ti? Escríbelos a continuación para releerlos cuando lo necesites.

1. Jeremías 29:11

_____

_____

2 . Isaías 26 :3

_____

_____

3 . Salmo 27:1

_____

_____

4 . Salmo 34 :7

_____

_____

5 . Isaías 45 :2-3

_____

_____

13. TU CUERPO

¿Por qué será que para las chicas este es todo un tema? Bueno, a decir verdad, para todas las mujeres en general el asunto de la apariencia resulta muy importante.

Yo creo que Dios diseñó a las chicas con esa coquetería tan particular para que le dediquemos tiempo a nuestro cuerpo y aprendamos a amarlo y aceptarlo.

El cabello, las uñas, el maquillaje, la piel y varios aspectos más de los que tenemos cuidado nos hacen sentir hermosas. El tema del peso también entra en esto de la apariencia. Muchas de nosotras luchamos con pensamientos de rechazo porque el sistema intenta todo el tiempo presentarnos una imagen perfecta, y sentimos la presión de compararnos con esa figura que proyectan los medios.

¿Cuántas chicas han caído en la bulimia o la anorexia debido al estereotipo de la «mujer delgada» que las marcas de ropa nos están inculcando todo el tiempo? Algunas hemos perdido la felicidad, ya que permitimos que nuestra apariencia sea el único aspecto que nos hace sentir importantes... ¡cuando en realidad somos un ser mucho más completo! Dios nos ha creado a su semejanza, con un espíritu, un alma y un cuerpo. Así que todo tu ser está compuesto por mucho más que el «estuche», querida amiga.

Ahora bien, es verdad que los seres humanos tendemos a juzgar a las personas según la «primera impresión», y ahí es donde la apariencia juega un rol principal.

Llegar a aceptarnos y amarnos es fundamental para poder transmitir seguridad a la hora de comunicarnos con los demás. Así que el tiempo invertido en sanarnos emocionalmente siempre valdrá la pena a fin de poder aceptarnos.

Lee con cuidado los siguientes versículos de la Biblia y medita en estas palabras:

«Tú creaste mis entrañas; me formaste en el vientre de mi madre.
¡Te alabo porque soy una creación admirable!
¡Tus obras son maravillosas, y esto lo sé muy bien!

Mis huesos no te fueron desconocidos cuando en lo más recóndito era yo formado, cuando en lo más profundo de la tierra era yo entretejido. Tus ojos vieron mi cuerpo en gestación: todo estaba ya escrito en tu libro; todos mis días se estaban diseñando, aunque no existía uno solo de ellos».

Salmo 139:13-16

Estos versículos describen a un Dios Creador esmerándose en cada pequeño aspecto de nuestra vida. Yo alcanzo a ver a un Dios involucrado de manera específica con cada una de sus criaturas. No se trata de un Creador que produce «objetos» en serie, sino de alguien que ha diseñado cada uno de los aspectos de tu cuerpo de manera cuidadosa y dedicada.

A veces bromeamos y decimos que Dios tiene un gran sentido del humor, porque a algunos les ha dado una nariz enorme, a otros unas orejas puntiagudas, a otros unos dientes disparejos, en fin. Sin embargo, más allá de la broma, es una realidad que muchas jovencitas sufren por causa de ciertos aspectos de su apariencia, llegando incluso a experimentar un autorrechazo que las lleva a la depresión.

Si te encuentras en esta situación, otra vez el consejo es que no te quedes sola, sino que pidas ayuda a tus padres, alguna buena amiga, alguna pareja de confianza, o hasta busques ayuda profesional.

Dios te ha creado especial, hermosa y valiosa, así tal como eres. Ninguna de nosotras tiene un clon por ahí en alguna parte del planeta. Él te hizo única, así que disfruta de cada uno de los aspectos que te conforman física y espiritualmente.

Seguiremos hablando más acerca de este tema en el capítulo «Tu belleza interna», pero ahora te desafío a que hagas un esfuerzo y dediques unos minutos a encontrar al menos cinco características de tu físico con las que estés feliz:

1. _____

2. _____

3. _____

4. _____

5. _____

14. TU PASIÓN

Tu pasión es tu causa.

Tu pasión es lo que te hace levantar con ánimo cada mañana.

Tu pasión es lo que alimenta tu entusiasmo y te ayuda a sobreponerte a la rutina.

Tu pasión es ese fuego interno que te despierta de noche y ocupa la mayor parte de tu pensamiento.

Tu pasión es lo que te distingue de los demás.

Tu pasión es tu llamado.

Tu pasión es lo que te da las fuerzas para sobreponerte a cada fracaso.

Tu pasión es lo que te brinda la seguridad de que no puedes irte de este mundo porque todavía tienes algo que hacer. Hay algo pendiente que te queda por lograr en esta vida.

Tu pasión es la camiseta que llevas puesta. Los valores que te identifican.

¿Ya sabes cuál es tu pasión, querida amiga?

¿Ya has encontrado y puedes identificar claramente en tu vida esa pasión de la que te estoy hablando?

Si todavía no la haz descubierto, comienza a buscar cuál es, porque te aseguro que será la gasolina que te lleve a tu realización interna.

Alguien apasionado no se deja vencer muy fácilmente.

Alguien apasionado es lo suficiente persistente como para intentarlo otra vez.

Alguien apasionado tiene metas que le dan una razón poderosa por la cual vivir.

Alguien apasionado no tiene tiempo para deprimirse.

Alguien apasionado no se distrae con trivialidades.

Alguien apasionado no puede darse el lujo de quedarse en el pasado.

Ruego a Dios que puedas descubrir la razón poderosa por la cual él te ha puesto en esta tierra, y que te dé la fuerza y el valor para desarrollar tu pasión al máximo.

Amiga, me muero de ganas de tomar tu libro y leer cuál o cuáles son las pasiones que ya identificaste... ¡o las que encontrarás con el paso de los años! Escríbelas a continuación.

_____

_____

_____

_____

_____

_____

_____

«Sin embargo, considero que mi vida carece de valor para mí mismo, con tal de que termine mi carrera y lleve a cabo el servicio que me ha encomendado el Señor Jesús, que es el de dar testimonio del evangelio de la gracia de Dios».
Hechos 20:24

15. TU SALUD

Amiga, es muy importante que cuidemos de nuestra salud si queremos vivir largos años sobre la tierra. Como alguien dijo alguna vez: «Vamos a vivir toda una eternidad con Dios si amamos a Jesús, pero, ¿qué apuro hay?».

¡Tenemos una vida que aprovechar! Tenemos metas que concretar. Me imagino que al igual que yo, sueñas con tener una familia, ser madre, ver crecer a tus hijitos, verlos estudiar, casarse y realizarse en la vida. Creo que por lo general, mientras somos adolescentes y jóvenes, pensamos que tenemos toda una vida por delante y no tomamos decisiones sabias en cuanto a nuestra salud. Sin embargo, cuando tengas la bendición de ser mamá, vas a darte cuenta de que la responsabilidad de vivir muchos años para ver crecer y cuidar a tus hijos te hace mucho más consciente en lo que respecta a cuidar tu integridad física. No hablo de arreglarte y verte bonita, aunque eso también es parte del paquete femenino, sino más bien de tener una buena alimentación y realizar algún tipo de ejercicio físico que te mantenga saludable.

Debo reconocer que aunque estoy tratando de trabajar en el tema, con las ocupaciones y actividades de la rutina diaria no resulta nada fácil ocuparse de la salud. No obstante, considéralo desde este punto de vista. Aunque tengas los sueños más hermosos y las ambiciones más altas, aunque tengas todo el talento del mundo y la meta clara a la que quieres llegar, si no posees una salud plena para desarrollarte nunca nada de eso llegará a concretarse.

Ha llegado la hora de preocuparte por tu salud. Hazte chequeos de rutina y no pospongas las visitas al médico. Hace unos meses atrás me hice una cierta cantidad de estudios generales para ver cómo estaba mi salud y gracias a Dios encontré que estaba muy bien. El problema es cuando damos por hecho que la salud está bien y bajamos la guardia en este aspecto.

No te hablo de «traumatizarte» en cuanto a este tema y estar pensando todo el tiempo que padezcas de alguna enfermedad. Más bien me refiero a tomar pequeñas decisiones diarias que te conduzcan a tener un estilo de vida saludable. Por ejemplo, proponte hacer algún tipo de actividad física al menos tres veces a la semana. A algunas chicas les encanta ir al gimnasio, a otras les funcionan otro tipo de actividades. Tengo amigas que disfrutan de hacer gimnasia en sus casas con la ayuda de algún DVD. Otras simplemente dedican unos cuarenta minutos diarios o tres veces por semana para salir a caminar. No sé cuál de estas opciones te convenga más, pero anímate a incluir en tu rutina las actividades físicas y verás lo bien que te vas a sentir.

Y vayamos un poquito más allá: ¡cuida tu alimentación! Opta por incluir en tu dieta frutas, vegetales, productos lácteos, en fin, una variedad de elementos de esa famosa pirámide alimenticia que estudiamos en la primaria, ¿te acuerdas? ¡Y también hazte el hábito de tomar mucha agua! Te vas a sentir fresca, hidratada, y los efectos se van a comenzar a ver en tu piel también. Más adelante, en el capítulo «Tu belleza externa», veremos algunos consejitos concretos que nos ayudarán a sentirnos y vernos muy bien.

Ya sé que todo esto suena como consejo de abuelitas o madres regañonas, pero a medida que vayas creciendo, si no le brindas a tu cuerpo los nutrientes necesarios, este te va a pasar factura. Imagínate todo el problema de salud que puede generarte una vida desequilibrada y una dieta continua llena de grasas. Tus hijos, tu esposo, toda tu familia y tus amigos te necesitan bien, sana, con energías. ¡Dios te necesita sana, fuerte, lista para cumplir con los propósitos que tenga destinados para ti!

Por último, duerme bien. Aunque te encuentres en medio de tus exámenes, aunque estés llena de actividades, está comprobado científicamente que si no descansas bien, ni tu mente ni tu cuerpo se reponen para las tareas del próximo día. Es más, se produce tal desgaste que se va acumulando al paso de los días. Duerme al menos ocho horas diarias. ¿Y por qué no? Si tienes tiempo, tírate un rato para tomar una siestita reparadora, la cual siempre viene bien.

Te dejo unas líneas aquí debajo para que escribas las resoluciones que quieres lograr en cuanto a este tema. ¡Es hora de cuidar tu salud, querida amiga!

_____

_____

_____

_____

« ¿Acaso no saben que su cuerpo es templo del Espíritu Santo, quien está en ustedes y al que han recibido de parte de Dios? Ustedes no son sus propios dueños».

1 Corintios 6:19

16. TU TIEMPO

«Así que tengan cuidado de su manera de vivir. No vivan como necios sino como sabios, aprovechando al máximo cada momento oportuno».
Efesios 5:15-16

Amiga, sé una buena administradora del tiempo que Dios te ha asignado en la tierra. He tenido que disciplinarme a fin de dedicar ciertas horas a orar y adorar a Dios, cierto tiempo a mi esposo y mis hijos, cierto tiempo al cuidado de la casa, al estudio, a hacer algo que disfrute, al esparcimiento y a cada una de las actividades que realizo. Cuando te toque formar una familia y tener hijos, vas a comprender que no se puede desperdiciar el valioso tiempo que se nos ha asignado.

Hace unos años me di cuenta de que se me pasaba el día en mil cosas, pero que a la noche experimentaba un sentido de frustración porque consideraba que no había podido avanzar en proyectos que eran importantes para mí. Tuve que aceptar que estaba manejando de forma muy desorganizada mi tiempo y necesitaba hacer algunos cambios.

Las mujeres tenemos la ventaja de que podemos hacer muchas cosas al mismo tiempo, ¿te has dado cuenta de eso? No quiero sonar feminista, pero esa es una de las características principales que nos diferencian de los chicos. Tenemos la capacidad de almacenar muchas cosas en nuestra mente e ir realizándolas al mismo tiempo. No obstante, descubrí que eso también era una desventaja, y permíteme explicarte por qué. Me percaté de que comenzaba mi día sin un objetivo claro que cumplir, lo cual actuaba en contra mía.

Pasaba la mañana de un lado a otro: tendía una cama, hacia una llamada telefónica, después veía el piso sucio y barría, ponía algo de ropa a lavar, me sentaba a hablar con la familia, se me olvidaban los ciclos de la ropa, volvía a tender la cama de la otra habitación, hacia el almuerzo y luego de comer me sentía rendida e intentaba dormir una siesta. Sin embargo, al acostarme no me podía dormir, porque me acordaba que tenía otra tanda de ropa que atender y también me había olvidado de hacer unos pagos. Sin poder dormir, me levantaba y como quien dice «seguía tirando tiros para todos lados». Al final del día estaba agotada y me daba cuenta de que no me había alcanzado el tiempo para mis proyectos personales. Si ya eres esposa o madre, entenderás que todos los días hay cosas que limpiar, acomodar y arreglar en la casa. Ese trabajo siempre va a estar ahí. Si tienes hijitos como yo, siempre vas a tener que guardar juguetes, acomodar la ropa tirada, cocinar y cumplir con muchas tareas rutinarias.

Te voy a contar algo que escuché y que me ayudó bastante a organizar mi tiempo. En una de esas mañanas prendí la tele y escuché el consejo que necesitaba. Una mujer a quien respeto y admiro mucho confesó que a ella le ocurría lo mismo, pero había tomado algunas decisiones muy simples y se dio cuenta de que su tiempo ahora le rendía mucho más. Desde ese día he intentado planificar en mi mente lo que quiero hacer el próximo día y priorizar mis actividades. Lo que ella hizo fue tan simple como dividir las horas del día a fin de concretar las cosas y enfocarse en un proyecto a la vez. Por ejemplo, en lugar de ir limpiando toda la casa durante varios días, definir qué área quiero terminar hoy. Es algo muy sencillo, pero que al final del día te da la satisfacción de ver que avanzaste en uno de tus proyectos. A partir de que recibiera ese consejo, he comprobado que mis días me rinden mucho más y me siento más feliz. Si tengo proyectos de traducción que hacer, divido la mañana de tal manera que me siente a trabajar de tal hora a tal hora y me enfoco solamente en avanzar con esa tarea. Descubrí que avanzo mucho más rápido, me distraigo menos y el enfocarme me hace más disciplinada. También hago igual con los quehaceres de la casa. Por lo general dedico una mañana (si es posible la misma mañana de cada semana) a lavar la ropa. Entonces por la tarde, como me esforcé y me determiné a terminar por la mañana, tengo varias horas libres para algún proyecto personal, una salida u otra actividad.

Espero que este consejo te ayude, querida amiga, y que puedas también crearte el hábito de diseñar una agenda personal. A mí me ayuda mucho tenerla online y compartirla con la de mi esposo, así los dos sabemos qué actividades tenemos en los días por delante. El calendario de Google es una excelente opción. En el capítulo «Tu mundo virtual» vamos a ver más consejos sobre ser sabias al usar nuestro tiempo en las redes sociales y demás.

El desafío de este capítulo es que te propongas organizar tu día usando una agenda. Ya sea física o virtual, te recomiendo que te hagas el hábito de utilizarla para sacar el mayor provecho de tu tiempo... ¡que vale *oro!*

17. TUS PROBLEMAS

Amiga, en cada etapa de la vida nos toca resolver problemas. Claro que cuando eras una niña quizás el problema más grave que tenías era que algún juguete se había roto, o que tu amiguita se había peleado contigo, o que no te gustaba la comida que te había preparado tu mamá, o que no querías ponerte tal o cual ropa. No obstante, a medida que vas creciendo, te das cuenta de que en realidad lo que hace unos años era un «terrible problema» ahora ha pasado a ser un simple recuerdo insignificante. Sin embargo, en el momento en que nos toca enfrentarnos con cierta situación, parece que nuestro mundo estuviera por derrumbarse.

En la adolescencia y la juventud también vas a enfrentar problemas y situaciones que resolver. Quizás te toque experimentar una falta de seguridad, una búsqueda de identidad, dificultades económicas o problemas para relacionarte con los demás, entre muchas otras cosas. La buena noticia es que no estás sola, querida amiga. Y si hasta ahora pensaste en encerrarte y resolver estos problemas sola, quiero decirte que esa no es una buena idea.

Como dice el refrán: «Una carga compartida es media carga». No tienes por qué enfrentar tus problemas sola. Mira estas palabras tan reconfortantes que se encuentran en la Biblia:

> *«A las montañas levanto mis ojos; ¿de dónde ha de venir mi ayuda?*
> *Mi ayuda proviene del Señor, creador del cielo y de la tierra».*
> *Salmo 121:1-2*

Siempre podrás acudir a Dios. Él está ahí para escucharte, consolarte, guiarte y ayudarte a salir adelante en los momentos difíciles. Dios te habla de muchas maneras. Puede hablarte a través de la Biblia, puede hacerlo con pensamientos que van directo a tu corazón, y también a través de la gente que está a tu alrededor. No dejes que los problemas te aíslen y destruyan. Busca amigos y amigas reales, personas de confianza a las que puedas acudir para que te ayuden a salir de esos momentos de crisis. Mira qué interesante consejo nos da la Biblia:

> *«Sin dirección, la nación fracasa; el éxito depende*
> *de los muchos consejeros».*
> *Proverbios 11:14*

Claro que enfrentarás momentos de duda, confusión y aflicción, pero te animo a que busques a esas personas especiales que puedan guiarte y tomarte de la mano durante ese tiempo. Quizás esos buenos consejeros y confidentes puedan ser tu papá o tu mamá, quizás algún familiar, alguna amiga o amigo de confianza, o algún líder espiritual que ore a Dios contigo y sepa escucharte. Lo peor que puedes hacer en medio de un problema grave es encerrarte y esperar que pase. ¡Busca ayuda! No te quedes sola. No hay necesidad de pasar por esto en soledad. Ya verás que con el simple hecho de abrir tu boca y contar lo que te está pasando sentirás un gran alivio. Esas personas sabias que Dios pone a nuestro alrededor pueden ver lo que nosotros no vemos y guiarnos hacia la salida. En lo personal, Sergio y yo tenemos a nuestra familia y amigos de confianza a quienes acudimos en los momentos difíciles. Créeme que ellos han sido una pieza clave para levantar nuestro ánimo y aconsejarnos con amor.

¿Qué situaciones difíciles estás enfrentando hoy?

¿Cuál es el problema más grande que te quita el sueño por las noches?

¿Cuál es ese «pero» que no te permite disfrutar de una completa felicidad?

Dedica unos minutos a identificarlo, y cuando ya lo hayas logrado, te invito a que hagas esta oración junto conmigo:

Dios, hoy me acerco a ti como tu hija para presentarte este problema que me está afligiendo. Sé que tú eres un Padre bueno y que puedo confiar en ti. Te pido que tomes esta situación en tus manos y actúes a mi favor. Tú puedes hacer lo que yo no puedo, por eso te pido que intervengas. ¡Gracias por escucharme siempre! Me mantendré expectante a fin de ver tu poder en este asunto. Amén.

18. TU SOLEDAD

Seamos honestas, amiga, muchas veces nos sentimos solas. Yo también he estado ahí. Me acuerdo que hace unos años atrás, antes de conocer a Sergio, le pedía a Dios que «guardara» a aquel que iba a ser mi novio, en el sentido de que lo protegiera. Sin embargo, con el paso del tiempo comencé a reclamarle al Señor, porque pensé que le había pedido tantas veces que lo «guardara», que más bien me lo había «escondido», ya que el anhelado novio nunca llegaba. ¡Es broma!

No hay nada de malo en sentirnos solas de vez en cuando, querida amiga. El problema surge cuando este sentimiento de soledad se vuelve tan habitual que nos lleva a la desesperación, la angustia y la depresión.

¡Qué ironía que vivamos constantemente rodeadas de ruidos, gente, conversaciones, música, sonidos, bullicio, y que aun así por dentro sintamos una tremenda soledad!

La soledad nos lleva a intentar llenar ese vacío con cualquier cosa. Conozco chicas que con tal de no experimentar ese sentimiento acceden fácilmente a comenzar una relación con un chico que ni siquiera les interesa o les gusta. Mas adelante hablaremos con más detalle sobre la soledad como una motivación equivocada para tener novio en los capítulos «Tu novio» y «Tu plenitud».

Otras chicas intentan escapar de su realidad y la angustia que les provoca la soledad mediante las drogas, el alcohol, el juego, el sexo y otras cosas más, por lo general influenciadas por malas compañías.

No podemos negar que hay momentos en que nos sentimos más solas que en otros. El tema es qué podemos hacer para no quedarnos en ese pozo y salir rápido de allí. Quizás estos consejos puedan ayudarte:

×   Busca a alguien de confianza que pueda escucharte. A veces el oído atento de un amigo o amiga puede ayudarnos a llevar el peso de la soledad.

×   No te quedes sola en casa. Cambia de ambiente, date una ducha, maquíllate, arréglate y sal a dar una vuelta.

- × Levanta el teléfono y llama a esa amiga que hace tiempo no ves.

- × Piensa en todas las cosas por las que tienes que estar agradecida. Aunque enfrentes un momento difícil, intenta enfocarte en las cosas buenas que te rodean y puedes disfrutar hoy.

- × Haz algo por alguien que está peor que tú. A veces, ver las necesidades de los demás nos pone en la perspectiva correcta para reconocer que tenemos mucho por lo cual dar gracias.

- × Habla con Dios y cuéntale francamente lo mal que te sientes, e intenta escuchar su voz llena de amor.

Lee estas palabras que te alentarán y que se encuentran en la Biblia en el Salmo 139:7-12:

> «¿A dónde podría alejarme de tu Espíritu? ¿A dónde podría huir de tu presencia? Si subiera al cielo, allí estás tú; si tendiera mi lecho en el fondo del abismo, también estás allí. Si me elevara sobre las alas del alba, o me estableciera en los extremos del mar, aun allí tu mano me guiaría, ¡me sostendría tu mano derecha! Y si dijera: "Que me oculten las tinieblas; que la luz se haga noche en torno mío", ni las tinieblas serían oscuras para ti, y aun la noche sería clara como el día. ¡Lo mismo son para ti la oscuridad que la luz! ».
>
> Salmo 139:7-12

En tu hora más oscura, querida amiga, es cuando más claramente puedes ver la mano de Dios sosteniéndote. Mientras que antes no había esperanza, ahora puedes contar con tu Padre que te ama, te escucha, te abraza y te consuela. Su amor es tan grande que no tiene comparación con ningún sentimiento humano que hayas conocido o experimentado antes. En esos días de dolor y confusión, lee diariamente las palabras de ese Salmo y recuerda que hay un poder mucho más grande que el tuyo que está sosteniéndote siempre.

19. TUS TEMORES

«Tu protección me envuelve por completo; me cubres con la palma de tu mano. Conocimiento tan maravilloso rebasa mi comprensión; tan sublime es que no puedo entenderlo».
Salmo 139:5-6

Es común que durante ciertas etapas de nuestra vida nos enfrentemos a algunos temores. ¿Te acuerdas cuando eras una niña? ¿Cuántas de nosotras no experimentamos algún tipo de miedo? Temor a la oscuridad, las tormentas, las arañas (y todo tipo de insecto), la muerte, a que nos faltara alguno de nuestros padres, y unos cuantos más que debes recordar.

Cuando éramos niñas, amiga, ante cualquier temor acudíamos rápido a papá, mamá o algún hermano mayor para que nos ayudara a solucionar el problema. Sin embargo, el asunto es que cuando ya estamos en los años de la adolescencia y comenzamos a valernos por nosotras mismas, también nos percatamos de que debemos actuar por nuestra propia cuenta y aprender a enfrentar y vencer los temores que nos angustian e intimidan.

Los doctores dicen que desde que nacemos tenemos naturalmente dos tipos de temores: el temor a caernos y el temor a los ruidos fuertes. Si todo ser humano nace solo con esos dos temores, quiere decir que el resto de las cosas que nos angustian y a las que les tenemos miedo en esta vida las vamos adquiriendo con el paso del tiempo. Temores innatos versus temores adquiridos. Quizás, las mismas experiencias que nos va tocando vivir alimentan en nosotras ciertos temores. Por ejemplo, si cuando eras pequeña sufriste la pérdida de algún ser querido cercano y eso te lastimó mucho, es posible que estés luchando con el temor a la muerte, a alguna enfermedad terminal, a los accidentes, a las malas noticias, o incluso con el temor al abandono, en dependencia de lo que haya motivado que ese ser querido no permaneciera a tu lado.

Los psicólogos dicen que los miedos y temores que experimentamos con más frecuencia, en la mayoría de los casos y en un alto porcentaje, nunca ocurren. Es decir, son temores infundados que nos llevan a vivir en un estado de ansiedad tal, que hasta pueden llegar a interponerse en nuestra rutina y las decisiones diarias.

El temor es el enemigo número uno de la fe. Podríamos hasta describirlo como una fe negativa. La Biblia nos dice: «Lo que más temía, me sobrevino; lo que más me asustaba, me sucedió» (Job 3:25). Es como si nuestros pensamientos provocaran justo lo que estamos temiendo. Por eso es tan importante que te determines a pensar correctamente y a tener siempre la mejor actitud frente a la vida.

Vamos a dedicar un tiempo a identificar nuestros temores más recurrentes y luego llevaremos a cabo algún tipo de acción para desarraigarlos de nuestra vida. Anota a continuación esos temores que te han producido ansiedad:

_____

_____

_____

_____

Te invito a que ahora mismo hagas una oración sencilla y sincera para dejar todos esos temores que te angustian en las manos de Dios. ¡Esas son las mejores manos! Y al finalizar tu oración, tómate unos minutitos extras para dejarte abrazar por el amor de Dios. La Biblia nos enseña que el perfecto amor de Dios echa fuera todo temor. ¡Así que su amor es la mejor arma para combatir todos nuestros miedos!

«Depositen en él [Jesús] toda ansiedad, porque él cuida de ustedes».
1 Pedro 5:7

20. TU PLENITUD

Amiga, ¿nunca escuchaste eso de la media naranja? ¿Ese mito que dice que hasta que no encontremos al chico de nuestros sueños andaremos sin un propósito en la vida? ¿Qué opinas? ¿Estamos completas o necesitamos a alguien más para estarlo?

Hay una tendencia generalizada muy fuerte entre las chicas a pensar que en el momento en que encontramos a alguien para comenzar una relación de amistad con potencial de convertirse en un noviazgo formal, entonces podemos sentirnos completas y comenzar a funcionar de acuerdo a los propósitos de Dios.

Sin embargo, cuando esperamos que la otra persona llene todos esos vacíos, nos engañamos a nosotras mismas. Lo que esta situación está evidenciando es que en realidad tenemos una necesidad en lo más profundo de nuestra alma producto de carencias afectivas, o simplemente quizás estemos lidiando con la soledad.

Dios es perfecto y todo lo que crea está completo. ¡Él no hace cosas imperfectas ni a medias! Así que no hay tal cosa como que el plan de Dios para ti dependa de encontrar al amor de tu vida o convertirte en la esposa de alguien. Ya tienes todo lo que necesitas para cumplir con los sueños de Dios para ti. Mientras te ocupas de servir al Señor, agradarle solo a él con todo tu corazón y perseguir tu sanidad emocional, te estás preparando a fin de ser la mejor chica para tu futuro esposo.

No pienses en que la otra persona va a suplir todas tus carencias, sino en que cuando llegue el momento de comenzar esta relación de dos, tú tengas mucho que dar. La actitud correcta sería: «Voy a estar con esta persona para darle lo mejor de mí». En otras palabras, podríamos decir: «¿Qué tengo para darte?», en lugar de preguntar: «¿Qué tienes para completarme?».

Cuando estamos lidiando con inseguridades, miedos y temores, es muy difícil sostener una relación, ya que corremos el riesgo de establecer una dependencia de la otra persona. ¿Qué hay de esas ocasiones en que alguien siente que pierde a esa persona que la «completa» y entonces tiene relaciones solo para que no la deje? Muchas chicas caen en la trampa del sexo simplemente para asegurarse de que el muchacho no las vaya a abandonar, de modo que la relación se vuelve enfermiza y degradante.

Lamentablemente, esto es algo que sucede con más frecuencia de lo que nos imaginamos, querida amiga. Nos involucramos en una relación porque sentimos carencias en algunas áreas de nuestra vida. No obstante, el problema es que este tipo de vínculo relacional casi siempre termina mal.

Quiero ser muy sincera contigo en cuanto a este asunto. Muchas veces por la soledad que sentimos, porque ya nuestras amigas tienen novios, o por la presión de la sociedad en general, tendemos a «jugar» con las emociones de nuestros amigos varones. Coqueteamos, los ilusionamos, les damos cierto tipo de esperanzas, y cuando las cosas se ponen más serias, nos echamos atrás y los dejamos lastimados. ¡Sí! ¡Ellos también se hieren! Cuida de tus amigos, cuida el tesoro de la amistad que te puede acompañar el resto de tu vida. Conozco el caso de chicas que han lastimado a preciosos chicos que amaban a Dios con todo su corazón, solo por pretender tener novio o no estar solas. No les hagas a los demás lo que no quieres que te hagan a ti. Hay muchachos hermosos que intentan agradar al Señor con todas sus fuerzas, y que Dios nos libre como chicas de causarles tropiezo.

No necesitas a alguien más para sentirte completa ni plena. ¡Es tu relación con Dios la que te da esa plenitud y tal felicidad! Si buscas en la Biblia, podrás encontrar con toda claridad lo que Dios opina de ti. A continuación, te invito a que dediques un momento a dialogar con Dios y fortalecer esa plenitud que solo sientes en su presencia. Aquí te dejo unas líneas para que registres los versículos en los que encuentres indicios de lo que Dios piensa sobre ti.

_____

_____

_____

_____

_____

21. TU PERSONALIDAD

Por lo general, la mayoría de la gente desea tener una personalidad que no posee y diferente a la que Dios le ha dado. Amiga, no hay personalidades buenas o malas. Más bien, podemos decir que la personalidad es neutral; es decir, lo que nosotras hacemos con nuestra personalidad es lo que determina si es buena o mala, si constituye una fortaleza o una debilidad para nosotras.

Los expertos todavía no se ponen de acuerdo sobre una definición del concepto de personalidad.

Algunos enfatizan más lo externo, otros lo interno. Sin embargo, encontré esta definición que me encantó y que quiero compartir contigo. La tomé de un material excelente llamado *Descubre*, escrito por Jay McSwain:

La personalidad es la forma y la expresión de rasgos emocionales que definen quiénes somos y qué hacemos.

Dios nos equipa al nacer con los rasgos y características internos de nuestra personalidad; mientras que el medio ambiente, las circunstancias y las expectativas de los demás forjan las características externas. Tanto lo interno como lo externo influencian y moldean nuestro ser, nuestra forma de actuar y nuestras acciones.

De modo que podríamos decir que Dios nos dio una personalidad al nacer y ha utilizado nuestro medio ambiente, las circunstancias y las expectativas de los demás para moldearla hasta convertirla en lo que es ahora.

Lo más importante es que descubras esos rasgos de tu personalidad que no te ayudan en tu comunicación con los demás y tu servicio a Dios, para que así comiences a trabajar en ellos y a sacar provecho de tus debilidades. Poner nuestra vida diariamente en las mejores manos, las de Dios, constituye un ejercicio excelente para tener una personalidad con características balanceadas y que bendiga a los demás.

Gran parte de los conflictos que vas a atravesar en tu adolescencia y juventud pueden atribuirse a la diferencia de personalidades, de modo que debemos aprender a trabajar con la diversidad, porque al fin y al cabo las personalidades diferentes se complementan entre sí.

Me encanta el hecho de que en la Biblia podamos encontrar diferentes personalidades, ya que eso significa que Dios puede usarnos independientemente de cuáles sean nuestros rasgos de carácter.

En el caso del apóstol Pablo, vemos que era decidido, audaz, no se desanimaba fácilmente, tenía poca tolerancia ante los errores y estaba convencido de que el fin justificaba los medios. No obstante, también encontramos a Pedro, un hombre impulsivo, inspirador, influyente, curioso, optimista y a quien le encantaba ser el portavoz. ¿Y qué hay de Bernabé? Un mediador, paciente, tolerante, pacificador, algunas veces indeciso, pero listo para consolar a los demás. Y como si fuera poco, también encontramos a Moisés, un hombre leal, analítico, planificador, inseguro y de baja autoestima. Si Dios se las ingenió para escoger y usar a estos hombres, y pudo ser glorificado a través de sus personalidades, entonces hay esperanza para nosotras, querida amiga.

A fin de obtener mayor claridad y conocimiento sobre este tema, te invito a que estudies algún personaje bíblico que se asemeje a tu tipo de personalidad, de modo que puedas descubrir tus fortalezas y debilidades para trabajar en ellas. Esto también te permitirá ver cómo Dios se relacionaba con este personaje y de qué manera él se relacionaba a su vez con los demás.

A continuación, escribe a modo de resumen algunas características de tu personalidad:

_____

_____

_____

Como decía una gran mujer a la que admiro mucho: ¡Donde hay gente, hay problemas! Si llegamos a conocer a fondo esas características que conforman nuestra personalidad, nos será mucho más fácil relacionarnos mejor con los demás, comprenderlos y entender el plan de Dios para nuestra vida y dónde nos quiere usar.

> *«Antes de formarte en el vientre, ya te había elegido; antes de que nacieras, ya te había apartado; te había nombrado profeta para las naciones».*
> *Jeremías 1:5*

22. TU IDENTIDAD SECRETA

Suena como una serie de ciencia ficción, ¿no? Ya sé, me recuerda a mis hijitos, que siempre juegan a que tienen una doble identidad y esconden superpoderes que nadie más que ellos pueden ver. Este título nos hace pensar en algo así, ¿verdad? Sin embargo, no se trata de un juego. Querida amiga, todas nosotras tenemos que lidiar con nuestro «verdadero yo» o nuestra «identidad secreta», esos pensamientos más profundos y aquello que puede llegar a salir de nuestro corazón y subir a nuestra mente cuando nadie nos ve.

Y no te sientas mal por esto. Es lógico que todas nosotras (y los chicos también, obviamente) convivamos con lo más íntimo de nuestro ser. No obstante, si eres como yo, es posible que a menudo hasta te asustes de ciertos pensamientos que pasan por tu mente. ¿No te sucede que después de tener unas ideas locas que ni parecen ser tuyas piensas: «¡Qué desilusión! No sé de dónde salió eso»? A mí sí. Me pasa todo el tiempo. Espero no desilusionarte con tal confesión, pero es la verdad. Muy a menudo necesito rendirle a Dios esa parte esencial aunque invisible de mi vida... el mundo de mi mente.

Muy seguido me veo arrepintiéndome de motivaciones incorrectas, de deseos que no son los más santos, de intenciones llenas de egoísmo que no traen gloria a Dios.

En nuestro interior yace esa naturaleza de pecado que lucha para hacernos pensar, decir y hacer lo incorrecto, y encima después al recordárnoslo nos llena de culpa y vergüenza.

Las ocupaciones, el trabajo, el estudio, las actividades y rutinas diarias nos saturan tanto que no nos dejan analizar lo que en realidad tiene lugar en nuestro interior. Por eso creo que es vital que cada cierto tiempo tengamos unos momentos a solas en los cuales podamos meditar y analizar las fuerzas que se mueven detrás de nuestro comportamiento y el mundo de nuestros pensamientos.

Amiga, te vas a sorprender de cuántas cosas descubres en medio de la quietud. Cuando estamos quietas, Dios nos puede hablar. No quiere decir que en otros momentos no lo haga. Él siempre nos está hablando, pero nuestros afanes no nos dejan oír su voz. En el tiempo de quietud, escuchamos mucho más claramente el sentir de Dios con respecto a nuestra vida.

Hay tremendo poder cuando exponemos delante de Dios lo que ha estado oculto. Mientras algo está escondido y nadie más lo sabe, ese algo nos acusa, agobia y destruye. Sin embargo, cuando confesamos y exponemos lo que nos intentaba gobernar, pierde la autoridad sobre nosotras.

Te invito a que medites durante unos días sobre lo anterior y te abras por completo a Dios con toda sinceridad. Dale la contraseña para ingresar a tu identidad secreta y que su amor influya cada parte de tu ser más íntimo. No hay nadie más comprensible, amoroso y perdonador que nuestro Dios. ¡Disfrutemos de la libertad que él nos ofrece!

> *«Por tanto, para que sean borrados sus pecados, arrepiéntanse y vuélvanse a Dios, a fin de que vengan tiempos de descanso de parte del Señor».*
>
> *Hechos 3:19*

23. TU MUNDO VIRTUAL

La época en que nos ha tocado vivir resulta emocionante debido al desarrollo de la tecnología, los avances científicos, el ritmo vertiginoso de las comunicaciones, el mundo virtual que ha servido para acortar distancias de manera sorprendente, así como muchas cosas más que podríamos mencionar.

No puedo evitar pensar en la sabiduría que Dios le ha dado al hombre, la creatividad, la capacidad de soñar, realizar, crear, concretar y descubrir. ¡Me quedo sin palabras!

En lo particular, me encantan las redes sociales. Es extraordinario poder comunicarnos con gente que hacía años no veíamos y con la que habíamos prácticamente perdido el contacto. Poder hablar o tener videoconferencias con la familia que está a miles de kilómetros es una ventaja increíble de estos tiempos. Conocer a los hijos de mis amigas que hace tanto que no veo por medio de la «magia» de una imagen que viaja a velocidades impresionantes resulta realmente sorprendente. ¡Compartir con las abuelas de mis hijos los vídeos de sus actividades no tiene precio!

Siempre que la intención sea buena, no veo nada de malo en utilizar la Internet a nuestro favor. Creo que el problema viene cuando nos desequilibramos, ya sea con respecto al tiempo que pasamos navegando en la red o a la razón por la que lo estamos haciendo.

Amiga, cuando notas que pasas demasiado tiempo sentada frente a una computadora y este hábito te domina, es hora de hacer cambios y tomar decisiones. Si te pasas horas chateando, visitando las redes sociales o teniendo videoconferencias, obviamente le estás robando tiempo diario a otras actividades que tienes que cumplir. El punto es que tengas la madurez de dominar la situación y no permitir que esta te domine a ti.

Lo mismo ocurre con las razones que te hacen sentar frente a una computadora. ¿Tiendes a navegar horas en la red sin un objetivo claro? Si es así, es el momento de hacer cambios de hábitos y establecer de nuevo tus prioridades. Hoy en día la Internet nos da acceso a información que se encuentra a la distancia de un «clic». Y permíteme repetirlo, es nuestra responsabilidad supervisar qué leemos, a qué sitios entramos y qué ponemos frente a nuestros ojos.

¡Cuídate de con quién hablas en las redes! Recuerda que desgraciadamente en este mundo también hay gente mala que está buscando destruirte. Por favor, no hables con extraños ni divulgues tu información personal a gente que no es de tu plena confianza. Hay redes de abusadores que solo pretenden seducirte, quizás citarte en algún lugar y aprovecharse de ti. Corta todo tipo de comunicación con hombres o mujeres que te hagan preguntas de índole sexual, aunque creas que son tus «amigos». Cualquier persona que no respete tu privacidad, no te conviene.

Como dijera una amiga: «De la abundancia del corazón habla tu Facebook» (parafraseando un versículo bíblico). Yo creo que al igual que el dinero, Facebook no es bueno ni malo. Solo refleja el corazón de la persona que lo usa.

Te cuento que la verdad es que no soy muy fanática de chatear, porque considero que me roba muchísimo tiempo. Solo lo hago con la familia y los amigos que más quiero. Sin embargo, te confieso que he tenido que aprender a decir que no. Hay muchas cosas más que hacer como mamá, esposa, ama de casa y mujer que simplemente dejar que la gente me robe mi tiempo, y definitivamente no puedo repartirme en mil pedazos para que nadie se enoje.

Y hablemos también del *sexting*, esta práctica nueva que ha cobrado popularidad entre los adolescentes y jóvenes de Estados Unidos. Se trata de sacarse fotos o filmarse las partes íntimas y enviarlas por el ciberespacio a alguna persona que se encuentra del otro lado de la comunicación. Algo terrible y degradante. Las chicas que amamos a Dios y deseamos honrarle con todo nuestro ser no somos chicas fáciles. Sabemos respetarnos y hacer que nos respeten. Y las buenas decisiones no solo nos afectan a nosotras individualmente, sino que pueden bendecir a quienes nos rodean.

Cuídate, pero también cuida a la gente que más quieres, a tus hermanos y amigos. Cuídalos de la perversión, la pornografía, de imágenes que los acompañarán por el resto de sus vidas. Usa la Internet y las redes sociales solo para darle gloria al nombre del Señor. (Por cierto, ya me olvidaba, puedes seguirme en Twitter y Facebook @ carinavalerga.)

24. TU FEMINEIDAD

«Paloma mía, que te escondes en las grietas de las rocas, en las hendiduras de las montañas, muéstrame tu rostro, déjame oír tu voz; pues tu voz es placentera y hermoso tu semblante».

Cantares 2:14

¡A ellos les encantan femeninas! Querida amiga, Dios nos hizo especialmente hermosas y delicadas. Y aunque a veces durante nuestra juventud o adolescencia tendamos a comportarnos medio «salvajes», debemos reconocer que una característica que a los chicos los vuelve locos es nuestra femineidad. Quizás provengas de un hogar en el que faltaron las muestras de afecto y la aceptación, así que te cuesta un poco más demostrar dulzura y ternura a causa de las situaciones que has vivido. O todo lo contrario, quizás sea tu temperamento sanguíneo y espontáneo el que te hace comportar de manera demasiado extrovertida. Ante todo, recuerda tener un balance y comportarte como una dama. Esto va a hacer que los chicos te respeten y puedan admirarte aun más. Guarda la distancia con los muchachos y compórtate como es debido. No des lugar a empujones, malos tratos, golpes ni palabras groseras, que lejos de embellecerte te rebajan a un nivel inferior. Así como nosotras soñamos con la idea de un príncipe azul que viene a rescatarnos en un caballo blanco, los chicos también sueñan con una señorita tierna, delicada como el pétalo de una flor, de la que puedan estar orgullosos y lucirse cuando están con ella.

Si tienes novio y tu chico te ama, respeta y valora de verdad, probablemente su comportamiento sea siempre amable y te considere como un tesoro especial al que quiere proteger. Me encanta el siguiente consejo que Pablo les da a los hombres casados en la Biblia:

«De igual manera, ustedes esposos, sean comprensivos en su vida conyugal, tratando cada uno a su esposa con respeto, ya que como mujer es más delicada, y ambos son herederos del grato don de la vida».

1 Pedro 3:7

Dios nos ha creado más delicadas, lo cual no implica que seamos más débiles. Y siendo más delicadas, se espera que el trato que recibamos sea mucho más cuidadoso. Si todavía no tienes novio, estás muy a tiempo de considerar este aspecto en el chico de tus sueños. Rodéate de amigos que te valoren y respeten a fin de que sirvan como un parámetro para cuando llegue ese muchacho que se interesará en ti. Te aseguro que tus mismos amigos será capaces de medir qué tan amable y respetuoso es. Si durante el noviazgo este chico no puede tratarte con ternura y delicadeza, mucho menos lo hará cuando estén casados. Considera siempre la amabilidad como un punto en tu lista de prioridades... ¡y eso te va a ahorrar unos cuantos dolores de cabeza en el futuro!

Hablemos también sobre la etiqueta, es decir, la forma en que debes comportarte en determinadas situaciones de índole pública. Muchas de nosotras no hemos sido educadas al respecto y no nos vendrían mal unas clases que nos preparen para enfrentar todas las situaciones de la vida con dignidad y mostrarnos a la altura. Conocer más al respecto nos va a dar una seguridad extra en momentos de exposición pública, y estos consejos se han puesto muy de moda en la actualidad. Si te interesa el tema, puedes buscar en la red y te sorprenderás de la cantidad de sitios que contienen información sobre ese asunto.

En la Biblia tenemos el ejemplo de dos chicas ejemplares: Ester y Rut. Te animo a que leas sus historias cuando tengas un tiempito y reflexiones sobre las cualidades que las hicieron especiales. Aquí te dejo un espacio para que anotes las características que descubriste en Ester y Rut que te gustaría desarrollar en tu propia vida.

Ester

_____

_____

_____

_____

Rut

_____

_____

_____

_____

25. TU BELLEZA EXTERNA

Ya sabemos que la mayoría de las chicas está muy pendiente de su belleza exterior. Sin embargo, ¿qué hay de la belleza interior? Más adelante vamos a analizar a fondo estos dos conceptos. Por ahora, relájate un poquito y considera estos consejos sobre la belleza externa, porque todas debemos consentirnos y querernos.

Diez mandamientos de belleza (www.soloconsejos.com)

1. Limpia, tonifica e hidrata tu rostro:

La belleza empieza por una piel limpia. Para lograrlo, debes cuidarla a diario. Apenas te levantes y antes de aplicarte el maquillaje, lávate la cara con un jabón cuyo pH sea neutro. Algunas mujeres necesitan sentir sobre la piel la sensación fresca que dejan los tónicos. Si ese es tu caso, utiliza un tonificante sin alcohol. Por último, la piel necesita hidratarse en la mañana y la noche para terminar con su aspereza. Es recomendable utilizar una vez por semana una crema exfoliante para ayudar a remover las células muertas.

2. Cuida tus manos y pies:

Una vez por semana aplícate un exfoliante para suavizar las manos. Intenta con una mezcla de azúcar y gel de baño. Date varios masajes y verás lo suaves y tersas que quedan. Para los pies, es recomendable utilizar la piedra pómez después del baño a fin de eliminar las impurezas. Frota desde los tobillos hasta la punta de los dedos suavemente. Y por último, no olvides usar todos los días una crema hidratante para ambas partes.

3. Usa crema anticelulitis:

Tras la primera ducha del día y antes de acostarte, utiliza una loción que ayude a reafirmar y disminuir la piel de naranja. Aplícala con suaves masajes y verás que obtendrás buenos resultados.

4. Pónte contorno de ojos:

Con el pasar de los años, aparecen ciertas arrugas en esta zona y las famosas ojeras. Para prevenir esto, usa una crema que hidrate, disminuya las líneas que se forman por resequedad y, además, disminuya la coloración negra alrededor del ojo.

5. Duerme lo suficiente:

Dormir es la mejor cura de belleza que existe, ya que la piel se recupera de las agresiones del día y también previene las famosas arrugas, hinchazón y ojeras. Descansar por un lapso de ocho horas, lo necesario, hará que luzcas reluciente y joven.

6. Limpia tu cutis:

Es recomendable que te hagas una limpieza de cutis profunda una vez al mes para remover las células muertas de la capa superficial de la piel y reducir los poros abiertos. De esta manera, la piel lucirá más joven y saludable.

7. Toma un baño relajante:

Los baños de espuma son una auténtica terapia para el estrés. Luego de un largo día de estudios o trabajo, acuéstate en la bañera y olvídate de los problemas.

8. Bebe abundante agua:

El cuerpo necesita un mínimo de dos litros al día para hidratar la piel. Además, así evitarás la famosa e indeseable celulitis, entre otras enfermedades.

9. Reafirma la piel:

Los embarazos y los constantes cambios de peso provocan que la piel luzca menos firme y más flácida. Para que esto no suceda, es importante usar una crema reafirmante que incremente la tonicidad, especialmente alrededor de tu cintura.

10. Protéjete del sol:

Tomar sol en exceso y sin las debidas precauciones provoca un prematuro envejecimiento de la piel, lo que produce arrugas y manchas. Para evitar esto, es fundamental no exponerse al sol sin utilizar protección. Si deseas tomar sol, aplícate la crema media hora antes de salir de casa. Además, procura que su humectante contenga protección solar, así, además de hidratarla, protegerá tu piel de los factores ambientales.

Esto es en cuanto a consejos de belleza que pueden mejorar nuestro aspecto exterior. Sin embargo, no podemos engañarnos, ninguno de estos consejos es capaz de asegurarnos la belleza interior. Dios ha dispuesto que nuestros ojos sean una ventana al alma. Cuando prestas atención a la mirada de una persona, mas allá del «estuche» físico que la rodea, puedes conectarte con la verdadera esencia de su ser y descubrir esa profundidad espiritual que sustenta toda su vida. Por eso, querida amiga, mucho más importante que el tiempo que dedicas a tu belleza exterior es la inversión en tu hermosura interna. Esfuérzate por tener pensamientos puros. Dedica un tiempo para pedirle a Dios que ilumine tu vida y te muestre esas áreas que puedes mejorar a fin de embellecer tu interior. No dejes que el resentimiento, los celos, la amargura, la crítica, la falta de perdón y tantos otros sentimientos negativos contaminen tu interior. Acercarte más a Dios y meditar en él y su Palabra te hará espiritualmente mucho más atractiva.

Aprovecha ahora mismo unos momentos para darte una mirada introspectiva y orar. Al paso de los días notarás que cada vez más amigos comienzan a percibir algo especial en tu mirada.

«La belleza que atrae, rara vez coincide con la belleza que enamora».
José Ortega y Gasset

26. TU BELLEZA INTERNA

A continuación quiero compartir contigo unos párrafos muy interesantes que encontré en el libro *La batalla de cada mujer joven*, escrito por Shannon Ethridge y Stephen Arterburn.

¿Qué ves cuando te miras al espejo? ¿Una amiga o una enemiga? ¿Estás agradecida por la creación de Dios o criticas su obra? ¿Cuánto tiempo y energía inviertes criticando los rasgos de tu cara, tu cabello o tu cuerpo? ¿Te comparas con las modelos de las portadas de las revistas o tus amigas y te desanimas porque al parecer no estás a la altura de las demás?

Lo que ves en le espejo tiene mucho que ver con lo que sientes en el corazón.

Quizás te mires al espejo a menudo porque sí te gusta lo que ves, y mucho. Tal vez creas que los otros no están a tu altura. Quizás la vanidad y el orgullo son un problema más grande para ti que una pobre imagen corporal.

En verdad, esperamos que ninguna de estas dos situaciones te describa. Esperamos que te guste lo que ves en el espejo porque eres una de las hermosas creaciones de Dios, pero también esperamos que no se te suba la belleza a la cabeza. En algún lugar en medio de «Detesto como me veo» y «Miren qué linda soy» hay un equilibrio delicado que esperamos que encuentres y mantengas a través de la vida. Porque cualquiera de estos dos extremos pueden llevarte a caminos equivocados y a correr a concesiones sexuales, o por sentirte «demasiado buena», o solo para sentirte aceptada.

¿De dónde saca la sociedad las ideas acerca de lo que hace hermosa a una chica? Sharon Hersh, autora de *Mom, I feel fat* [Mami, me siento gorda], se sentó con veinticinco chicas de entre doce y catorce años de edad y les pidió que le describieran a la chica perfecta. Sus respuestas, en orden de importancia, fueron las siguientes:

- ✕ Delgada

- ✕ Rubia

- ✕ Popular

- ✕ Hermosa

- ✕ Atlética

- ✕ Con pechos grandes

- ✕ Que tenga novio

- ✕ Segura de sí misma

- ✕ Con dientes derechos y blancos (sin aparatos de ortodoncia)

- ✕ Que tenga su propio auto

- ✕ Que no tenga granos

- ✕ Que tenga su propio teléfono celular

Estamos de acuerdo con Sharon en que la única que encaja en esa descripción es Barbie. Ahora bien, no son solo las muñecas Barbie las que crean estas falsas ideas de belleza. También lo hacen las celebridades de la televisión, las estrellas de cine, las modelos de las portadas de las revistas, los diseñadores de moda y muchos otros aspectos de la cultura popular actual. Así que, ¿de dónde viene la verdadera belleza? Vamos a ver en la Biblia lo que el Creador de la belleza tiene que decir:

> *«Engañoso es el encanto y pasajera la belleza; la mujer que teme al Señor es digna de alabanza».*
> *Proverbios 31:30*

Este versículo nos recuerda que la belleza física no dura para siempre y que no tendríamos que concentrarnos solo en lo externo. Sin embargo, la belleza que viene de amar y servir a Dios con un corazón alegre es una que permanece incluso cuando tu figura decaiga y las arrugas adornen tu cara. La belleza verdadera no proviene de un maquillaje fresco, el peinado de última moda, ni de cómo luces con tus *jeans*. La verdadera belleza se irradia desde tu interior, desde un corazón que se deleita en el Señor.

Dedica tiempo a Dios y su presencia te dará una belleza indescriptible que los demás no tardarán en notar. Te invito, amiga, a que en unas pocas palabras anotes una reflexión en cuanto a este tema:

_____

_____

_____

_____

_____

_____

_____

27. TU VOCACIÓN

En mi opinión, esta es una de las tres decisiones más importantes que nos toca tomar en la vida. A qué nos vamos a dedicar, junto con la decisión de recibir a Jesús en el corazón para garantizarnos una eternidad con él y la elección de con quién nos vamos a casar, conforman, según mi parecer, las tres decisiones cruciales que pueden determinar el curso de nuestra vida y hasta nuestro destino eterno.

Enfoquémonos en la vocación. Tal como lo vimos en el capítulo «Tus decisiones», es muy importante tener ciertos aspectos en cuenta al elegir tu carrera. Para la edad en que te toca escoger a qué te vas a dedicar, has pasado por ciertas experiencias de vida que te habrán ayudado a conocerte mejor a fin de tomar una buena decisión. Por eso es tan importante que dediques tiempo a reflexionar, indagar en tu interior, y descubrir cuál es la profesión que te ayuda a sentirte plena, realizada, y a dejar una huella en el momento que te ha tocado vivir. Esa reflexión también hará más fácil un proceso de decantación y eliminación, de modo que puedas enfocarte correctamente en la dirección más conveniente a la hora de decidir lo que quieres estudiar.

Aquí van unos consejitos prácticos que pueden serte de gran ayuda:

× Decídete por una carrera que te apasione, así cuando trabajes en eso podrás disfrutarlo.

× Nunca decidas lo que vas a estudiar comparándote con tus padres o hermanos.

× Nunca decidas lo que vas a estudiar solo para satisfacer el sueño que tus padres no pudieron cumplir, porque quizás ese no sea tu propósito en la vida.

× Ten la confianza de contarle a tus padres lo que realmente te gustaría estudiar, y seguramente ellos te apoyarán.

× No te dejes influenciar por las carreras «de moda» o lo que la mayoría de tus compañeros parece estar eligiendo.

- ✖ Elige una carrera que en el futuro te permita desenvolverte en un ambiente de trabajo coherente con tus valores morales. De otra manera, tarde o temprano encontrarás un conflicto.

- ✖ Piensa con una visión del futuro. Si te pones a analizar, a causa del vertiginoso desarrollo tecnológico de nuestros días, muchas de las carreras que tus padres o las generaciones anteriores estudiaron ya son obsoletas hoy. Piensa que quizás te toque estudiar una carrera relativamente nueva o poco común, relacionada con las necesidades recientes que van surgiendo en el mundo actual.

Me encanta la siguiente frase: «Innovación es la habilidad de crear algo de valor que se anticipe a las demandas del futuro». Escoge una carrera que te permita desarrollar toda tu creatividad, explorar nuevas opciones, inventar y, sobre todo, que no se convierta en una carga cada día cuando te toque levantarte para ir a trabajar.

Si no tienes ni la más remota idea de qué te gustaría estudiar, entonces puedes tomar algunos tests de orientación vocacional gratis en la Internet. Permíteme darte una dirección interesante: www.desarrollarme.com. Allí encontrarás tests y ejercicios que te pueden servir mucho.

La efectividad y la satisfacción profesional se encuentran cuando trabajamos en nuestras zonas de fortalezas, donde coinciden las áreas de necesidades existentes y nuestro querer con nuestro saber y nuestro poder hacer. De ahí la importancia de reconocer cuáles son nuestras habilidades, para tratar de trabajar en áreas donde estas sean útiles y poder ampliar las destrezas necesarias con las que no contamos.

Puedes encontrar más sugerencias sobre la carrera que más satisfacciones te traerá leyendo el capítulo «Tus habilidades».

Las chicas de hoy somos arriesgadas, emprendedoras y exitosas. Inspírate en los muchos ejemplos de mujeres que tenemos en la actualidad que se han animado, esforzado y superado, y hoy tienen una voz para ser oída y son de influencia a miles a su alrededor.

No te conformes con lo promedio. ¡Sueña en grande! Ten ambiciones que te desafíen. Te dejo con una reflexión de Mark Batterson que ha sido de mucha bendición para mi vida y espero que te inspire a alcanzar tus anhelos más profundos.

Deja de vivir como si el propósito de la vida fuera llegar seguro hasta la muerte. Ponte metas del tamaño de Dios. Persigue las pasiones establecidas por Dios. Ve detrás de un sueño que está destinado a fallar sin la intervención divina. Sigue haciendo preguntas. Sigue cometiendo errores. Sigue buscando a Dios. Deja de señalar los problemas y conviértete en parte de la solución. Deja de repetir el pasado y comienza a crear el futuro. Deja de apostar a lo seguro y empieza a correr riesgos. Expande tu horizonte. Acumula experiencia. Disfruta el proceso. Encuentra todas las excusas que puedas para celebrar cada cosa que logres. Vive como si hoy fuera el primer y último día de tu vida. No dejes que lo que está mal en ti te detenga de adorar lo que está bien en Dios. Quema los puentes del pecado. Abraza nuevos desafíos. Critica creando. Preocúpate menos sobre lo que la gente piensa y más sobre lo que piensa Dios. No trates de ser alguien que no eres. Se tú mismo. Ríete de ti. Deja de frenarte. Deja de contenerte. Deja de huir. Persigue al león.

28. TU DESTINO

Amiga, si hoy te dijera: «Prepara las maletas que nos vamos para Hawai», después de hacer un alboroto y pegar un grito de alegría, ¿qué ropa y artículos pondrías en tu equipaje?

Te ayudo: traje de baño, chancletas, bronceador, lentes de sol, un sombrero, ropa fresca y liviana... y seguramente mil cosas más, ya que a las mujeres nos encanta llevar cuatro o cinco maletas llenas de cosas «indispensables», aunque se trate de un viaje de un fin de semana.

Imagina también que tu mejor amiga tuviera un viaje planeado para la misma fecha que el tuyo, pero con destino al Polo Norte. ¿Ya pensaste más o menos el tipo de ropa y las cosas que llevaría en su maleta? Algo así como la chaqueta más abrigada que encontró, pares y pares de calcetines calentitos, guantes, bufandas, suéteres, en fin, todo lo necesario para enfrentarse con un frío atroz.

Ahora supongamos que en la emoción de la despedida se confundieron de maletas y tú te llevas su maleta para Hawai y ella la tuya para el Polo Norte. ¡Tremendo problema! ¿Verdad?

Así de importante es saber hacia dónde te diriges en tu vida, querida amiga, a fin de llevarte todo lo necesario. Necesitas planear y organizar tu trayecto de forma intencional para asegurarte de que mientras te diriges hacia tu destino cuentas con todo lo necesario: estudios que te ayuden a cumplir el llamado de Dios, amigos que cooperen con ese llamado, relaciones de influencia que te acerquen al lugar de destino, y por sobre todas las cosas... ¡un compañero de viaje que vaya en el mismo rumbo! Puedes ir al capítulo «Tu novio» para leer más sobre esa elección esencial en tu vida.

Una relación diaria con el Señor te va a dar la seguridad de conocer para qué fuiste creada, cuál es tu rol aquí en la tierra, con qué propósito Dios te creó y cuál será la huella que dejarás para las futuras generaciones.

Y mientras antes descubras esa dirección, más fácil te va a ser emplear todo tu tiempo, energía y esfuerzo para acercarte un pasito más cada día al lugar a donde quieres llegar.

Como te contaba antes, estoy muy agradecida con mis padres porque desde pequeña me dieron la oportunidad de experimentar un sinnúmero de cosas: me enviaron a estudiar música, dibujo, inglés, danzas clásicas, canto, natación y ya no me acuerdo qué otras cosas más. Eso me ayudó muchísimo para descubrir que dos de mis grandes pasiones son la música y el inglés. Así que me dispuse a estudiar ambas cosas y les dediqué mi tiempo y esfuerzo. ¡Y en la actualidad eso es lo que disfruto hacer y a lo que me estoy dedicando!

Amiga, prueba, intenta, practica, experimenta, descubre para qué fuiste creada. Mientras más actividades puedas desarrollar a lo largo de tu adolescencia, más fácilmente podrás distinguir el propósito de tu vida. Si todavía no tienes claridad en cuanto a esto, no te asustes. Puedes encontrar más información valiosa en los capítulos «Tus habilidades», «Tu vocación» y «Tus decisiones».

Tienes toda una vida para completar los espacios a continuación con un resumen del viaje hacia tu destino.

_____

_____

_____

29. TUS VIAJES

Déjame darte un consejito bien directo: ¡Viaja todo lo que puedas, querida amiga! Aprovecha tu época de soltera para ensanchar tus horizontes.

Atrévete junto con tus mejores amigas a emprender un viaje inolvidable. Créeme que llegará la época de formar una familia y criar a tus hijitos, en la cual no te será tan fácil hacerlo. Viajar te enriquece, te abre la mente para comprender otras culturas y te enfrenta a la realidad ya sea cercana o lejana en la que viven diariamente otras personas. Viajar puede enseñarte mucho más que todos los libros de historia que leas en tu vida. (Seguro ya adivinaste que no me llevaba muy bien con esta materia.)

Y no pienses tan solo en los viajes de placer. ¿Por qué no proponerte hacer una viaje a la necesidad? Sí, sí, leíste bien: un viaje a la necesidad. Conozco chicos a los cuales un viaje y un destino en particular les han cambiado la vida. Quizás hasta descubras en un viaje tu propósito, tu pasión, o incluso a qué te dedicarás en los próximos años. Un viaje a la necesidad también nos sirve para ponernos en perspectiva y agradecerle a Dios por todo lo que tenemos. Nos ayuda a valorar más a nuestra familia y seres queridos. Nos hace más conscientes de una cruda realidad que a veces encontramos a la vuelta de la esquina, sin necesidad de recorrer muchos kilómetros. Y si en uno de tus viajes tienes la bendición de encontrar un desafío más grande que tus propias ambiciones, te habrás convertido en una mejor persona, una chica más generosa y consciente de los que te rodean.

Te propongo la idea de que en algún momento del año próximo decidas hacer un viaje inolvidable con tus mejores amigas. Piensa en un destino desconocido, vuélvete creativa y soñadora. A continuación encontrarás un espacio para que escribas algunas opciones del destino a elegir. ¡Vamos, amiga! ¡Lánzate a la aventura!

_____

_____

_____

30. TU PASADO

Todas tenemos uno. Algunas tenemos un pasado de esos soñados, como para plasmarlo en un libro o en un cuadro de exposición. Otras tenemos uno que se parece más a una película de terror. Un pasado de esos que quisiéramos eliminar de nuestro «disco duro». No quiero caer en esas frases baratas que nos conocemos de memoria, como: «No dejes que tu pasado determine tu futuro», pero por más trillada que esté, encierra una gran realidad. Las mismas situaciones desagradables que nos haya tocado vivir se van a convertir en plataformas de nuestras decisiones.

Podemos usarlas para conformarnos y convencernos de que nunca las podremos superar, o podemos aprovecharlas como motivación para demostrarle al mundo entero que a pesar del pasado, tenemos la fortaleza y la capacidad de levantarnos y hacer algo provechoso con nuestra vida.

Dios tiene una forma muy singular de ver el pasado, amiga mía. Sería algo así como si dijera: «Borrón y cuenta nueva» o «El pasado, pisado». Es más, a él le encanta tomar las situaciones más adversas y transformarlas para bien. Por lo tanto, hoy quiero que sepas que su opinión sobre ti no está determinada por tu pasado.

Dios es un Dios de oportunidades, a él le gusta ponerle un nombre nuevo a todas las cosas (Apocalipsis 2:17). En este día, amiga, presta atención y escucha el dulce susurro de Dios que te pone un nombre nuevo. Si en tu pasado sufriste abandono, escucha su voz poniéndote el nombre de «Aceptada». Si te faltó un padre, escúchalo cuando te llama «Hija». Si los pecados te acusan, escúchalo cuanto te declara «Perdonada». No sé cuál haya sido la parte de tu pasado que quisieras borrar, pero tómate un tiempo para escuchar la tierna voz de Dios que te consuela y te dice: «Mi deleite está en ti. Estoy muy complacido contigo y te amo».

Entrégale hoy tu pasado a Dios y deja que lo transforme. Él es especialista en tomar todo fracaso y encausarlo para bien. Quizás el dolor más grande de tu pasado sea la mayor ventaja de tu futuro.

En el espacio a continuación, escribe los nombres nuevos que Dios te da:

«Las naciones verán tu justicia, y todos los reyes tu gloria; recibirás un nombre nuevo, que el Señor mismo te dará. Serás en la mano del Señor como una corona esplendorosa, ¡como una diadema real en la palma de tu Dios! Ya no te llamarán "Abandonada", ni a tu tierra la llamarán "Desolada", sino que serás llamada "Mi deleite"; tu tierra se llamará "Mi esposa"; porque el Señor se deleitará en ti».

Isaías 62:2-4

31. TU YO EN DIEZ AÑOS

Este título me lo sugirió mi amiga Wilkzhie y me encantó la idea, ya que las chicas somos así, bien soñadoras. ¿O no? ¡Somos supersoñadoras! Y nos gusta imaginarnos lo que vendrá. Nos vemos el día de nuestra boda, y más adelante casadas (aunque todavía no tengamos ni novio), nos imaginamos cocinando algo para nuestra familia y hasta las caritas de nuestros hijos. ¡Y qué bueno que somos así, porque Dios nos hizo con esa hermosa capacidad de imaginar! Esos sueños nos dan esperanza y nos mantienen expectantes en cuanto a los próximos años y en qué nos convertiremos.

Es muy probable que si te quieres casar, un día lo hagas; que si quieres tener hijos, en algún momento los vayas a tener. Y no tengas miedo de estar a la altura de las circunstancias cuando te toque vivir esas experiencias. Pon todos tus deseos y anhelos en las manos de Dios y simplemente espera lo mejor. Con seguridad vas a ser una buena mujer para tu esposo y la mejor madre para tus hijos si te ocupas ahora de sembrar en tu interior semillas que más adelante den un buen fruto.

Además, lo interesante es que por más que lleguemos a imaginarnos algo grande, un futuro hermoso, lo más increíble, Dios siempre supera nuestras expectativas. Sus pensamientos son más altos que los nuestros. Sus caminos son más altos que nuestros caminos. Sus planes para tu vida son mucho más excelentes que los tuyos. ¡Él lo supera todo! Si hoy me preguntaras si hace diez años atrás me imaginaba estar donde estoy y hacer lo que hago... ¡te diría que ni en mis más remotos sueños! ¡Así de sorprendente es nuestro Dios! De modo que aunque ya desees algo y trates de imaginártelo, déjate sorprender por todo lo que te espera más adelante, querida amiga.

Ahora bien, si nos enfocamos un poco en los aspectos prácticos, hay algunos pasos que podemos ir dando ahora mismo para dirigirnos a esos lugares tan añorados. Permíteme hacerte algunas preguntas para que sirvan como disparadores de tu imaginación y puedas meditar en ellas:

×   ¿Cómo te ves de aquí a diez años?

×   ¿Te ves trabajando afuera o en casa?

- × ¿Te ves ya casada?

- × ¿Te ves ya con uno o más hijos?

- × ¿En qué lugar físico te imaginas?

- × ¿En qué país?

Ya sé que no podemos predecir el futuro y que el tiempo mismo muchas veces cambia el rumbo de nuestras vidas. Sin embargo, muchas de esas respuestas dependen de tus decisiones de hoy. ¿Te ves perfeccionando tus estudios o ya en el campo laboral? Ve averiguando dónde puedes estudiar lo que te agrada. No dejes que las distracciones momentáneas te alejen de tus aspiraciones importantes.

Me encantaría encontrarme contigo en diez años, que nos tomáramos una buena taza de café y me contaras con lujo de detalles cuántas cosas buenas te han sucedido. Estoy segura de que serán muchísimas más de las que hoy puedes imaginarte. Tener fe es vivir con una expectativa alegre de que nos irá muy bien. ¡Vive cada día anticipando las sorpresas que Dios tiene planeadas para ti! Recuerda lo que dicen la Escrituras: «Lo que ahora existe, ya existía; y lo que ha de existir, existe ya. Dios hace que la historia se repita» (Eclesiastés 3:15). O como dice este versículo en otra versión bíblica que me gusta mucho: «Dios conoce el final desde el principio».

32. TU SEXUALIDAD

«Y Dios creó al ser humano a su imagen [...] Hombre y mujer los creó [...] Dios miró todo lo que había hecho, y consideró que era muy bueno».
Génesis 1:27, 31

Vivimos en un mundo que pretende hacernos creer que tenemos la libertad de elegir hasta nuestro sexo. Sin embargo, no hay nada más alejado de la realidad. Dios es claro y enfático en este tema. Él te hizo mujer, hermosa, femenina y delicada. Con tus virtudes y también con aquellas cosas que no te gustan tanto.

A continuación te comparto un fragmento del libro *La batalla de cada mujer joven*, escrito por Shannon Ethridge y Stephen Arterburn, el cual te va a bendecir mucho:

> Si alguien te preguntara: «¿Qué es el sexo?», ¿cómo le responderías? Si eres como la mayoría de la gente, es probable que te sonrojes, aclares tu garganta, y tartamudees hasta que logres pronunciar la palabra «pene» y «vagina» a fin de explicar el mecanismo para hacer bebés. Quizás te sorprenda escuchar esto, pero esa respuesta es incorrecta. Acabas de definir el coito.

> La última vez que llenaste un formulario en la escuela y viste la palabra sexo con una línea para completar, ¿escribiste «virgen» o «no virgen»? ¡Por supuesto que no! Escribiste «femenino». Dios nos hizo a todos como seres sexuados, ya sea masculinos o femeninos. Nuestra femineidad o masculinidad son una expresión de quiénes somos. Desde que nos conciben hasta que dejamos el cuerpo terrenal y pasamos al hogar celestial somos sexuados. Eras sexuada cuando vestías a tus muñecas Barbie, cuando comenzaste a depilarte las piernas y cuando lloraste la primera vez que te rompieron el corazón. No es necesario que tengas actividad sexual para que seas sexuada. Eres siempre un ser sexuado, y eso es algo que no puedes cambiar.

Según el diseño de Dios, tu sexualidad femenina difiere de la sexualidad masculina. El contraste entre nuestros cuerpos físicos es solo el comienzo de las diferencias entre los hombres y las mujeres. Y es fundamental que entiendas estas distinciones para que guardes tu pureza sexual y ayudes a otras chicas y chicos a hacer lo mismo.

Una vez que las diferencias están claras, podemos pasar a un tema más profundo. Muchas chicas y chicos hoy en día luchan enormemente para aceptar su sexualidad, el diseño que Dios ha elegido para ellos.

Quizás el rechazo de tu sexualidad se deba a unos padres que se ilusionaron con que fueras niño en vez de niña. Existen papás típicos que visten a sus nenas como varoncitos y les enseñan mecánica o albañilería. Muchas veces los padres reflejan sus frustraciones en sus hijos y hacen que ellos se críen con un tremendo autorrechazo.

Tal vez el hecho de haber sido criada en un hogar de padres que están constantemente peleando y discutiendo provoque que inconscientemente nos opongamos al patrón del hombre y la mujer debido a tantos malos recuerdos y ejemplos.

Si haz tenido dudas con respecto a tu sexualidad, nada te dará mayor seguridad que oír las palabras que Dios tiene para decirte. Tu verdadera identidad se encuentra en él, quien como tu único Creador te puede guiar al plan original que tuvo en mente cuando te soñó, te pensó y te diseñó.

Si te encuentras atravesando un momento de dudas existenciales sobre tu sexualidad, no tienes que enfrentarlo sola. Recurre a alguna mujer madura de confianza que te ayude a orar y te aconseje al respecto. Quizás juntas puedan recibir algunas recomendaciones de alguien profesional que te ayude a enfrentar este momento de confusión y ver las cosas con mayor claridad.

Dedica unos minutos a darle gracias a Dios por haberte hecho mujer y a pensar en los rasgos que te hacen única. Puedes escribirlos a continuación:

_____

_____

_____

_____

33. TU NOVIO

¡Vaya tema! El mismo se relaciona con esa persona especial con la que te atreverás a compartir gran parte de tu vida. Y no me catalogues de exagerada, amiga. Tú y yo, como chicas diferentes y especiales que somos, si comenzamos un noviazgo es con miras al matrimonio. No creo que haya tal cosa como tener un novio para «probar» o con la expectativa de que la cosa no funcione. Si empezamos así, ya vamos predispuestas a comenzar una relación con alguien del sexo opuesto. Si todavía no encontraste a esa persona especial, quédate tranquila. Tómate todo el tiempo que sea necesario para elegir al mejor «prospecto». Recuerda que esta es una de esas decisiones que pueden cambiar el curso de tu vida, por lo tanto, no hay por qué apurarse.

Un consejo que me ha funcionado mucho es conocerme lo suficiente y tener claro qué quiero hacer con mi vida antes de pensar en comenzar una relación con un chico. Dedícate a tus sueños, a desarrollar tus habilidades, a encontrar el llamado de Dios para tu vida, y cuando te encuentres haciendo lo que Dios te llamó a hacer, allí aparecerá el hombre que te hará feliz. Sergio siempre explica lo siguiente: Cuando Adán estaba haciendo lo que Dios le había dicho que hiciera, que era ponerle nombre a todos los animales, en ese momento Dios decidió que «necesitaba una ayuda» para la vida, y creó a Eva. ¡Mientras te mantengas enfocada en hacer lo que Dios te llamó a hacer sobre la tierra, Dios traerá a tu lado al muchacho de tus sueños!

Dedica tiempo a tu sanidad emocional para que cuando él llegue estés libre de los problemas del pasado que puedan arruinar lo hermoso de la relación. Si ya has tenido relaciones que no funcionaron anteriormente, es muy importante que trabajes en ello para recibir la sanidad total de Dios en cuanto a tus emociones. Es clave estar emocionalmente sana antes de comenzar una relación seria con alguien más. Profundiza tu relación con Dios para que puedas experimentar su amor y saber cuánto vales para él. Deja a Jesús moldear tu vida, sanar tus emociones, formar tu carácter y transformar las áreas que necesitan cambios, para que no lleves a tu noviazgo asuntos sin resolver que solo son obstáculos para una relación saludable. Enamórate de Jesús, querida amiga, y llénate tanto de Dios que cuando tu chico llegue a tu vida, estés lista para derramar sobre él todo el amor que Dios ha puesto en ti.

¡Busca en los lugares adecuados! Hay situaciones especiales y propicias para encontrar al hombre de tu vida. Muchos chicos hoy en día creen que en algún baile o antro, quizás bajo el efecto del alcohol o las drogas, con poca luz, humo y en compañía de sus amistades, pueden llegar a conocer a la otra persona. Nadie compraría una casa o un auto en esas condiciones, sin embargo, muchos adolescentes piensan que es el lugar y la situación indicados para tomar una de las decisiones más importantes y encontrar a la persona que los acompañará el resto de su vida.

Si ya tienes novio, disfruta de esta etapa en un ambiente de pureza. Vas a encontrar más información al respecto en el capítulo «Tus límites».

Recuerda que ninguno de los dos tiene derechos sobre la vida y la privacidad del otro hasta la etapa del matrimonio. Aunque nadie inicia un noviazgo para fracasar, este período puede presentar ciertas banderas rojas a las que debes prestarle atención si es que te preocupan lo suficiente. No te olvides de que todo lo que sucede en el noviazgo se potencia en el matrimonio. No hay tal cosa como que los «errores» de mi novio se van a corregir cuando nos casemos. Todo lo contrario. Confronten los temas que necesitan ser profundizados y ten siempre la confianza de poder hablar francamente con tu novio de lo que te preocupa. Además, rodéense de amigos que los cuiden, los motiven al bien, los protejan de decisiones de las que después vayan a arrepentirse. Y sueñen, planeen, proyéctense a un futuro increíble juntos, de la mano de Dios.

Aunque la palabra «noviazgo» no aparece en la Biblia, me encanta decir que Dios no encontró una relación más clara para mostrarnos cuánto nos ama que la relación del novio y la novia, o el esposo y la esposa. Cristo le llama a la iglesia su novia, pura y sin mancha, a quien vendrá a buscar para casarse con ella.

¡El noviazgo es una hermosa idea de Dios, así que a disfrutarlo, querida amiga!

34. TUS LÍMITES

En este asunto del noviazgo y las relaciones con el sexo opuesto, resulta muy importante ser consciente de proteger nuestras emociones. Los límites nos sirven como una cerca de protección y nos alertan de peligros futuros. De la misma manera en que los límites físicos determinan dónde termina tu propiedad y dónde comienza la de tu vecino, un límite personal distingue tu propiedad corporal o emocional de lo que le pertenece a alguien más. Aunque no puedes ver tu propio límite, te das cuenta fácilmente cuando alguien lo ha traspasado. Cuando otra persona trata de controlarte, intenta acercarse demasiado, o te pide que hagas algo que no está bien para ti, deberías protestar de alguna manera, ya que tu límite ha sido transgredido.

Los límites cumplen con dos funciones. Primeramente, nos definen. Nos muestran lo que somos y lo que no somos. Definen con lo que estamos de acuerdo y con lo que no. Nos muestran lo que amamos y lo que detestamos. El noviazgo funciona mucho mejor mientras más te conoces y sabes lo que quieres. Cuando tienes claros tus valores, preferencias y convicciones, solucionas muchos problemas antes de que surjan.

La segunda función de los límites es protegernos. Ellos mantienen lo bueno adentro y lo malo afuera. Cuando no tenemos límites claros, nos exponemos a gente e influencias destructivas, que no son para nada saludables.

Un chico y una chica que se están conociendo deberían establecer ciertos límites para protegerse de daños innecesarios y dejarle conocer al otro claramente lo que cada uno está dispuesto a tolerar y lo que no. (Tomado del libro *Límites en el noviazgo*, de Cloud y Townsend.)

En cuanto a mi experiencia personal, cuando Sergio y yo nos hicimos novios (hace apenas unos añitos nada más, no creas que fue hace mucho), el hecho de establecer límites claros nos salvó de muchas equivocaciones. No quiero decirte que haya sido fácil hablar de ciertas cosas y aclarar algunos puntos, pero estar de acuerdo en lo que queríamos y lo que no queríamos hacer nos ayudó bastante.

Aunque este es un tema en el cual los dos deben convenir, desde ahora puedes establecer ciertos límites de tu parte que servirán para definirlos como pareja y protegerlos. Medita sobre esto y cuando hayas llegado a alguna conclusión, te invito a que tomes nota de algunos posibles límites para discutir con tu novio (si ya lo tienes) o con el chico que lo será en un futuro.

_____

_____

_____

_____

_____

_____

_____

_____

«No ofrezcan los miembros de su cuerpo al pecado como instrumentos de injusticia; al contrario, ofrézcanse más bien a Dios como quienes han vuelto de la muerte a la vida, presentando los miembros de su cuerpo como instrumentos de justicia».

Romanos 6:13

35. TU MOMENTO
DE «ESCAPAR»

¿ Querida amiga, si ya tienes novio, disfruta de este momento precioso. Solo recuerda que esta etapa también te sirve para conocer profundamente a tu chico y evaluar si es la persona con la que quieres compartir toda tu vida, tener hijos y formar un hogar.

Convengamos en que la intención de cualquier noviazgo es llegar al matrimonio con esta persona tan especial de la que estamos enamorados. Sin embargo, considerando que el noviazgo es un período de conocerse mutuamente a profundidad, también es posible que mientras tratas de cerca a este chico salgan a la luz algunos aspectos que desconocías y pueden ser banderas rojas de advertencia en la relación. Si este es tu caso y las actitudes de tu novio llegan a preocuparte y robarte la paz, lo mejor es que ambos se tomen un tiempo en oración para ver cómo continuar la relación. Mi consejo también es que cada uno tenga un mentor, una persona espiritualmente madura que pueda escucharles, guiarles en oración y aconsejarles con sabiduría. Si en el transcurso del proceso ven que las diferencias son irreconciliables, lo mejor es que terminen la relación cuanto antes, procurando que esto no cause tanto dolor.

Cualquier ruptura es dolorosa y quizás te intimide el qué dirán o los comentarios que se levanten después que hayan terminado el noviazgo, pero hay un riesgo mucho mayor en continuar hacia el matrimonio con esas banderas rojas, ya que todas las características de tu compañero continuarán iguales e incluso se profundizarán una vez que se casen. No es verdad que alguien pueda cambiar después de la boda. Todo lo que ambos son en el noviazgo se potenciará dentro del matrimonio. Por eso este tiempo de conocimiento mutuo resulta tan importante.

Amiga, si en tu noviazgo estás viviendo algunas de las siguientes experiencias, creo que llegó tu momento de escapar. Corre por tu vida y huye hacia la libertad. (Tomado de *Tal para cual*, de Sergio y Carina Valerga, Editorial Mundo Hispano.)

Celos desmedidos

Una cierta medida de celos es común cuando tienes novio. Todos celamos un poco lo que queremos. Sin embargo, el tema de los celos puede ser un arma de doble filo y una forma de manipulación tanto para las chicas como los chicos. Así que ten mucho cuidado. Si estás sintiendo que tu novio te cela demasiado o llega a ser muy posesivo, te aconsejo que busques ayuda con un consejero espiritual que ore contigo y siga de cerca el comportamiento de tu pareja. Muchas veces los celos extremos son indicadores que nos advierten que no sigamos en esa relación, la cual puede llegar a ser enfermiza

Deseos de controlar

En el período del noviazgo nadie tiene derecho a inmiscuirse en la vida de la otra persona y presionarla para que decida una u otra cosa que tenga que ver con su vida familiar, sus estudios, metas o gustos. Debe mostrarse un gran respeto por la privacidad de la otra persona. Ninguno es posesión del otro, cada uno es dueño solo de sí mismo y les rinden cuentas a sus respectivos padres. Por lo tanto, ambos deben aceptar que hay fronteras que no deben traspasar. La Biblia nos dice que solo nos pertenecemos el uno al otro dentro del matrimonio. Si notas que tu novio pretende manipularte y controlarte, confróntale con amor y recuerden que no somos competencia, sino un complemento. La comprensión es clave en cualquier relación de dos, con más razón en el noviazgo como antesala del matrimonio. Se trata de respetar todo aquello que sea bueno, aunque no coincida con tus ideas o gustos. Nadie tiene derecho a cambiar la forma de pensar del otro.

Infidelidad

En el noviazgo tiene que existir fidelidad, porque es la escuela para el matrimonio. Si de novios uno, otro o ambos son infieles, seguramente en el matrimonio será peor, si es que se llega a esa etapa. Si este muchacho del cual estás enamorada se atreve a serte infiel y lastimar tu corazón durante esta etapa del «conocimiento mutuo», creo que por más doloroso que sea al principio, debes acabar con esa relación. Recuerda que todo lo que cada uno es por separado se potencia en el matrimonio. ¡Qué bueno que te diste cuenta durante el noviazgo de que esta persona no te merece! Asegúrate de buscar ayuda espiritual a fin de perdonarlo y olvidar. No te lleves rencores de ningún tipo a tu próxima relación. Pienso que como personas que buscamos agradar a Dios nadie quiere fracasar, pero si te tocó afrontar esta situación, sé fuerte, perdona, olvida y deja al Señor sanar tu corazón para llegar completa emocionalmente al chico con el cual formes una familia.

Maltrato

Cualquier tipo de maltrato verbal, emocional o físico es un antecedente que se debe tener muy en cuenta. No pases por alto los pequeños indicios y pide ayuda. No dejes que el enamoramiento te ciegue, y esto es tanto para los chicos como para las chicas. No permitas que tu pareja abuse en ningún sentido de ti. En el noviazgo no debe haber lugar para los insultos, las palabras groseras, los tratos bruscos, y mucho menos la agresión física de ningún tipo. Ni siquiera permitas que como un «juego» te ponga la mano encima de ninguna manera. Nada de codazos, pellizcos, ni mucho menos ataques de ira que desemboquen en cachetadas, manotazos o golpes. Si haz llegado a sufrir de alguna de estas cosas, esto es un claro indicador de que esa persona no te edifica en ningún sentido. Otra vez se trata de tomar la decisión, aunque al principio duela, de cortar la relación. En caso de que después de tu decisión esta persona siga persiguiéndote, buscándote o acosándote, deberás pedir ayuda a tus padres, líderes espirituales y quizás hasta a las autoridades policiales.

Confusión y falta de paz

La sinceridad total es muy importante en el noviazgo. Si después de un tiempo empiezas a experimentar confusión y falta de paz, dándote cuenta de que la otra persona no te conviene, no te llena, no es igual a ti y no son el uno para el otro, debes ser totalmente sincera y decírselo antes de que sea demasiado tarde. Una señal clara para darte cuenta de esto es que sientes como que la relación se ha enfriado. Ya no sientes esa emoción, esa pasión por compartir con tu pareja. A veces te cuesta orar porque no sientes paz. Si este es tu caso, muy posiblemente estés a tiempo de cambiar de dirección. Sé muy prudente al comunicárselo a tu novio y trata de no lastimar sus sentimientos. Posiblemente sea algo mutuo que ambos ya estaban sintiendo desde hace un tiempo, pero lo importante es que sean sinceros y saquen el tema a la luz.

Aislamiento

Si desde que se hicieron novios se alejaron de sus amistades, sus familias, sus actividades sociales y hasta de la iglesia, este es un síntoma de que la cosa no funciona. Si antes eras una persona sociable, llena de amigos, alegre, divertida y a la que le gustaba pasar tiempo con la gente, pero al comenzar tu noviazgo te volviste amargada, triste, solitaria y menos efectiva en tu trabajo y estudios... algo no está bien. Cuando disfrutas de la relación correcta eres una mejor persona. Cuando encuentras al chico indicado, él te hace mejor. Además, dedicarle todo el tiempo a tu pareja los va a llevar a estar mucho más expuestos a las tentaciones sexuales.

Otros síntomas a tener en cuenta

×   Sientes que tu novio es demasiado crítico. Nada de lo que haces está completamente bien.

×   No dedica tiempo a escucharte e interesarse por tus sentimientos.

×   Da muestras permanentes de irresponsabilidad.

×   Te asustan sus reacciones de enojo y su temperamento fuera de control.

×   Descubres que te ha mentido varias veces o temes que te oculte algo.

×   Su escala de valores es totalmente diferente a la tuya.

×   Le cuesta admitir sus errores y se muestra siempre orgulloso.

×   En vez de ser espiritual, con frecuencia tiene un comportamiento religioso.

×   Está luchando con adicciones en su vida.

Si uno o varios de estos aspectos te hacen dudar de tu noviazgo, dialoga con Dios y busca los consejos y oraciones de alguna líder madura que tengas cerca y a quien admires mucho. La buena noticia, querida amiga, es que no estás sola. ¡Aunque esta es una de las decisiones más importantes de tu vida, tu Padre está a tu lado en todo el proceso para guiarte, protegerte y ayudarte a disfrutar de un amor mejor del que has soñado!

36. TU COMUNIDAD

¿Nunca te preguntaste por qué naciste en un determinado lugar? ¿O por qué con el paso del tiempo quizás tu ubicación geográfica haya cambiado? Tal vez me digas que se debe a causas muy lógicas o naturales, como el trabajo de tus padres o tuyo, o porque querías estudiar una carrera que se cursaba en la ciudad en la que ahora te encuentras. Sin embargo, trata de mirar un poco más allá. Abre los ojos de tu corazón y pregúntate si Dios tal vez no haya planeado que vivas en este lugar durante este tiempo a fin de ser una influencia positiva para todo el mundo que te rodea. Y no lo dudes ni por un solo momento. Nada sucede por casualidad, amiga. Así que dondequiera que Dios te lleve, prepárate para brillar, enciende tu luz e ilumina con tu presencia, tus ideas, tus convicciones y tu fe. Ilumina con tus talentos, tu forma de pensar y tus creencias.

Si tienes la oportunidad, por favor, levanta tu voz y hazla oír. Involúcrate en actividades y lugares donde puedas ejercer tu influencia y bendecir a los demás. Alza tu voz en tu escuela, tu universidad, y sé parte de las esferas donde se toman las decisiones.

Involúcrate en el comité estudiantil de tu escuela o el centro municipal de tu barrio. Ocupa los lugares de influencia que están disponibles en tu comunidad para que la voz de personas justas y temerosas de Dios empiece a tener un lugar preponderante. No pases por esta vida como una simple espectadora. Conviértete en protagonista y deja una huella en tu generación.

Si lo ves muy irreal o lejano, empieza poco a poco a dar pasos pequeños que te acerquen a uno de estos puestos públicos. Lee, estudia, infórmate y edúcate en todas las áreas posibles, querida amiga. Entérate de las necesidades básicas de tu comunidad e involucra a tus propias amigas para tenderles una mano a los que más lo necesitan. Demuestra la disposición a servir y la determinación a hacer lo que otros no se animan a llevar a cabo.

Ya es hora de levantarnos y dar a conocer este mensaje de amor, reconciliación y perdón que Cristo nos dejó. Hay una urgencia de convertirnos en una poderosa influencia para que nuestra voz sea oída. Una frase no deja de retumbar en mi cabeza: «Tendrán una voz para ser oídos». No se trata solo de asistir a tu grupo de jóvenes semanalmente. No se trata solo de pertenecer a una iglesia. Dios te ha llamado a hacer mucho más que eso.

Ponte desafíos más altos. Amplia tu visión. Sueña en grande. Deja huellas.

Busca a conciencia hasta encontrar el llamado de Dios para tu vida y persíguelo.

Si tienes un llamado que desarrollar dentro de la iglesia, prepárate para ser la mejor.

Si lo tuyo es el arte, conviértete en la mejor artista.

Si te atrae la política, involúcrate sin temor en este ámbito y comienza a brillar allí con la luz de Jesús.

Si vas a estudiar, sé la mejor estudiante de tu clase.

Si vas a trabajar, sé la trabajadora más responsable de todas.

Sé conciente de que Dios te coloca en determinado lugar en un determinado tiempo para afectar a los que te rodean, ser luz y marcar la historia.

Por años pensamos que la única manera de servir a Dios era dentro de las cuatro paredes de la iglesia y dejamos vacantes posiciones de relevancia en las artes, la política, la economía, la educación, el deporte, la música y los sitios donde se toman las decisiones. Levántate como una voz de influencia en el medio donde te desarrollas. Invade las tinieblas con la luz de Cristo. Transmite un mensaje de salvación por todos los medios que estén a tu alcance. Creemos en los jóvenes. Todas nuestras expectativas y las expectativas de Dios están puestas en ustedes. Solo falta que lo crean. Las bendecimos a fin de que sean esas chicas especiales y diferentes que brillen en todo lugar para Dios.

Ahora quiero enfocarme específicamente en ti. Te invito a que pienses en alguna forma en que puedes involucrarte en el proceso de bendecir a tu comunidad e influir en tu generación:

_____

_____

_____

_____

«Hagan brillar su luz delante de todos, para que ellos puedan ver las buenas obras de ustedes y alaben al Padre que está en el cielo».
Mateo 5:16

37. TU ACTITUD

Amiga, a continuación te comparto unas palabras de Charles Swindoll sobre la actitud. Creo que no hay mejor forma de expresarlo que como él lo ha hecho.

Mientras más vivo, más cuenta me doy del impacto que mi actitud tiene sobre mi vida. Mi actitud, para mí, es más importante que los hechos. Es más importante que el pasado, la educación, el dinero, las circunstancias, los fracasos, el éxito o lo que otras personas piensen, digan o hagan.

Es más importante que las apariencias, los dones o la destreza.

Levantará o hará fracasar a una empresa... una iglesia... un hogar.

Lo admirable es que día a día la elección de la actitud que asumiremos en respuesta a toda situación es nuestra.

No podemos cambiar nuestro pasado. No podemos cambiar el hecho de que la gente actúe de determinado modo. No podemos cambiar lo inevitable.

Lo único que podemos hacer es tocar la única cuerda que tenemos, y esa es nuestra actitud. Estoy convencido de que la vida está constituida por un diez por ciento de lo que ocurre y un noventa por ciento de cómo reacciono ante ello.

Y eso también sucede contigo.

En todo momento somos responsables por nuestra actitud.

En efecto, nuestra manera de ser depende enteramente de nuestra actitud.

¡Magnífico! No creo que sea necesario agregar nada más a estas palabras. Procura levantarte cada día con la actitud correcta y verás la diferencia cada noche cuando pongas tu cabeza sobre la almohada. Anota a continuación algunas experiencias negativas que viviste como consecuencia de una actitud incorrecta:

_____

_____

_____

_____

Ahora te invito a que registres algún hecho positivo que haya sido consecuencia de tener una buena actitud:

_____

_____

_____

_____

38. TU INTIMIDAD

Tu intimidad es eso que podríamos llamar «los expedientes secretos de tu vida». Esas cosas tan personales que una chica nunca debe dar a conocer o ventilar con facilidad. En un momento de emoción (y las chicas de ser emocionales sabemos un montón) es posible que llegues a compartir con alguna amiga o amigo esas batallas internas que están vinculadas con tus aspectos más íntimos. No obstante, en algún otro momento de tu vida quizás te arrepientas de haber contado algo tan preciado como un tesoro, y ya sea demasiado tarde para volver atrás.

Amiga, aunque muchas veces tendemos a ser demasiado francas y contar con lujo de detalles vivencias del pasado y circunstancias que tal vez solo debamos confesar delante de Dios en oración, las palabras que se divulgan nunca más se pueden retirar ni recuperar, así que ten mucho cuidado con lo que sale de tu boca, en particular cuando estás muy vulnerable. También cuídate del tipo de información que divulgas por la Internet, los mensajes de textos y las redes sociales.

Personalmente, creo que tampoco es correcto que un chico y una chica estén hasta altas horas de la noche chateando o enviándose mensajes de texto. Quizás te suene anticuada, pero hay ciertas conversaciones que no nos hace bien tenerlas a determinadas horas, definitivamente.

Si en algún momento sientes la necesidad imperiosa de hablar de algún asunto privado actual o del pasado que te haya tocado o te esté tocando enfrentar, mi consejo es que busques a la persona correcta para comentarle algo tan valioso sobre tu vida. Piensa en una mujer madura, fiel y confiable que te pueda escuchar, aconsejar, y te ayude a orar sobre lo que te preocupa.

Ya verás que hay algunas cosas muy íntimas que solo llegarás a compartir con el compañero de toda tu vida: tu futuro esposo. Sin embargo, incluso en esa circunstancia, es aconsejable no dejarte llevar por el enamoramiento y esperar hasta que la relación sea seria y comprometida. Piensa en cuántas chicas muy enamoradas llegaron a abrirle esas puertas íntimas del alma y el corazón a un chico con el cual después la cosa simplemente no funcionó, por lo que ahora las atormenta el pensamiento de que en cualquier momento este muchacho pueda llegar a divulgar algo tan íntimo y privado debido a que ya no siente el compromiso de cuidar la intimidad de quien va a ser su verdadero amor.

Considera la definición de intimidad que ofrece la Real Academia Española: «La intimidad es la zona espiritual íntima y reservada de una persona o de un grupo, especialmente de una familia».

Dios, tu Creador, es el Único que tiene acceso y permiso absoluto para conocer tu intimidad. Es más, no podemos esconder nada de él, querida amiga. Su amor incondicional, su comprensión y su consuelo llenan todas nuestras expectativas y sanan milagrosamente nuestro interior. ¡No hay nadie más confiable que tu Dios!

39. TU CLÓSET

Querida amiga, tu clóset habla de ti mucho más de lo que te imaginas. Y no me refiero puramente a lo externo: si eres ordenada, la ropa está limpia, los zapatos están todos tirados, o acomodas tu ropa por colores. Claro que ese sería otro capítulo llamado algo así como: Ordenando tu clóset.

Más bien me refiero a tu estilo particular de vestir y el tipo de ropa que usas. Si entráramos hoy con una cámara y filmáramos un vídeo de tu clóset, aun sin conocerte, tendríamos toda una imagen de ti, tu personalidad y lo que reflejas ante los demás. ¿Encontraríamos tal vez ropa demasiado sensual para tu edad? ¿O por el contrario, prendas demasiado recatadas y pasadas de moda? Recuerda que continuamente le estamos enviando mensajes a la gente que nos rodea a través de nuestra forma de vestirnos... y sobre todo a los chicos, que son bastante visuales y observadores. ¿Quizás necesites una renovación porque tu clóset está algo anticuado? Bueno, hoy en día es muy fácil enterarse de lo que está de moda y lo que ya no lo está. Con tan solo un clic en la Internet encuentras sitios en los que puedes enterarte de las tendencias de la moda y leer los consejos de los expertos o *fashionistas* (dicho sea de paso, ese término no existía hasta hace un par de años).

También puedes aprender sobre las prendas que te favorecen según tu cuerpo y las más adecuadas de acuerdo a tu edad. Personalmente, no veo nada de malo en vestirme a la moda, siempre y cuando mis atuendos sean divertidos, pero recatados.

No obstante, ¿sabías que hay cosas que guardas en el clóset de tu alma que pueden hacerte ver mucho mejor o peor que el atuendo que elegiste para determinada ocasión? Por más que estemos vestidas de acuerdo al último grito de la moda por fuera, hay ciertos sentimientos negativos que albergamos a lo largo de nuestra adolescencia que pueden hacernos lucir no tan bellas. Del mismo modo, también hay buenos sentimientos que nos embellecen y nos hacen sentir las chicas más preciosas.

¿Qué tal si hoy dedicas un momento a pensar cuáles sentimientos tienen ya tiempo colgados en el clóset de tu alma? ¿Te doy unas ideas? Deshazte de la amargura y la competencia, porque ya pasaron de moda y te hacen ver fea. Desecha todo tipo de celos, envidia y falta de perdón, porque se comenta que hasta te hacen ver con unos añitos de más. ¡Que horror! Nunca quites de tu clóset la compasión, la sinceridad y la verdad. ¡La pasión, la misericordia y la humildad hasta te hacen ver con unos kilos de menos! Así que puedes abusar de ellas.

A continuación, te invito a que combines tus mejores sentimientos para formar los mejores atuendos... ¡esos clásicos que nunca pasan de moda! Medita en qué aspectos quieres mejorar y cuáles cosas definitivamente no favorecen a tu alma, querida amiga. También puedes tomar nota de los aspectos que deseas incluir en tu vida para que se conviertan en un hábito diario que te haga brillar aun más y proyectar a Cristo ante todos los que te rodean.

40. TU TWITTER

La idea de Twitter es escribir un pensamiento en ciento cuarenta caracteres... ¡qué importante entonces es cuidar lo que decimos!

Amiga, te confieso que me vi tentada a escribir este capítulo solo con las dos líneas anteriores; así, lisa y llanamente, sin agregar nada más. Sin embargo, por otro lado, me parece un pecado no dedicar unos párrafos de este libro a reflexionar en el valor y el poder que tienen nuestras palabras.

Palabras... cada vez disfruto más de su valor. Escogerlas sabiamente para enviar un mensaje es un arte. Combinarlas con dedicación y gracia produce un efecto encantador en quien las lee o las escucha. Despiertan emociones escondidas y nos transportan a lugares refrescantes, aunque sea por unos segundos. ¡Saber qué palabras decir y hacerlo en el momento oportuno resulta todavía más loable!

El poder que tienen las palabras que salen de nuestras bocas merece un párrafo aparte. Imagínate que, solo pronunciando palabras, Dios creó todo lo que hoy vemos y hasta lo invisible a nuestros ojos naturales. «Y dijo Dios [...] y así sucedió» (Génesis 1). No obstante, lo que más me impacta es que nuestro supremo Creador también nos ha dotado a nosotras con esa capacidad de pronunciar y crear. Y permíteme explicarte cómo funciona esto, querida amiga.

Lo que decimos tiene un tremendo potencial, tanto para bendecir como para maldecir, para producir vida o muerte. Las palabras pueden inspirar, levantar, motivar y desafiar. O pueden tener el efecto contrario: desilusionar, desalentar y degradar. Por eso es vital que logres un balance espiritual y emocional que te permita solo hablar palabras que puedan edificar tu propia vida y la de aquellos que te rodean. Nadie dijo que eso fuera fácil, es verdad. En situaciones difíciles o bajo presión, las chicas tendemos a reaccionar impulsivamente y sin pensar, y es allí cuando nuestra lengua se convierte en una espada filosa, capaz de herir a la persona a quien dirigimos esas palabras. Y lo más triste, amiga, es que no hay vuelta atrás. Lo dicho, dicho está, y su efecto ya fue desatado, para bien o para mal.

El libro de Proverbios está lleno de sabios consejos para meditar en la mejor forma de utilizar las palabras. Aquí te dejo algunos versículos muy interesantes en cuanto a este tema:

«El sabio de corazón controla su boca; con sus labios promueve el saber.
Panal de miel son las palabras amables: endulzan la
vida y dan salud al cuerpo».

Proverbios 16:23-24

«El que es entendido refrena sus palabras; el que es prudente controla
sus impulsos. Hasta un necio pasa por sabio si guarda silencio; se le
considera prudente si cierra la boca».

Proverbios 17:27-28

«Los labios del necio son causa de contienda; su boca incita a la riña. La
boca del necio es su perdición; sus labios son para él una trampa mortal.
Los chismes son deliciosos manjares; penetran hasta
lo más íntimo del ser».

Proverbios 18:6-8

«Cada uno se llena con lo que dice y se sacia con lo que habla. En la
lengua hay poder de vida y muerte; quienes la aman
comerán de su fruto».

Proverbios 18:20-21

«De la boca del necio brota arrogancia; los labios del sabio
son su propia protección».

Proverbios 14:3

«La respuesta amable calma el enojo, pero la agresiva echa leña al fuego.
La lengua de los sabios destila conocimiento; la boca de los necios escupe
necedades. Los ojos del SEÑOR están en todo lugar, vigilando a los
buenos y a los malos. La lengua que brinda consuelo es árbol de vida; la
lengua insidiosa deprime el espíritu».

Proverbios 15:1-4

> *«Es muy grato dar la respuesta adecuada, y más grato aún cuando es oportuna».*
>
> *Proverbios 15:23*

¿Qué te parece, querida amiga, si dedicamos este día a ser un instrumento que bendiga a los demás con nuestras palabras? Amigos, familiares, conocidos o hasta desconocidos deben convertirse hoy en una excelente oportunidad para que produzcas en ellos vida al escoger sabiamente tus palabras. Esta noche, cuando estés por terminar tu jornada, registra en las siguientes líneas al menos tres experiencias positivas que hayas vivido como resultado directo de pronunciar palabras de bendición. ¡Sin embargo, más importante aún es que puedas desarrollar estos hábitos diariamente para reflejar a Cristo donde sea que vayas!

Testimonio #1

_____

_____

Testimonio #2

_____

_____

Testimonio #3

_____

_____

41. TUS MENTORES

Dios nos ha dado un regalo sumamente valioso y que debemos apreciar: nuestras relaciones. Amiga, te vas a dar cuenta de que a lo largo de la vida te encontrarás con algunas personas que te inspiran tanto, que nunca querrás perder contacto con ellas. Tuve el honor de tener varios mentores y mentoras que me bendijeron tremendamente a lo largo de mi niñez y adolescencia. Se trata de esas relaciones de oro de las que uno puede aprender, muchas veces incluso sin necesidad de sentarte a tomar nota. Y es que tan solo al observar sus estilos de vida te das cuenta de que puedes admirar y aprender miles de cosas buenas. Los mentores tienen la capacidad de influenciarte y hasta de darle forma a tu vida, por eso es muy importante que vayas «echándole el ojo» a esta gente especial que Dios de alguna manera ha puesto en tu camino para ayudarte a crecer.

¿Cómo puedes encontrar a un buen mentor? A continuación hay cinco características que todo buen mentor posee:

1. *Experimentado*: Esta debe ser una de las cualidades básicas que busques en las personas que quieres como mentores. Las experiencias de la gente constituyen una gran fuente de enseñanza, tanto sus éxitos como sus fracasos. Aquellos que han vivido más que nosotras deben inspirarnos un respeto especial.

2. *Auténtico*: Es muy importante que la gente a la que admiramos sea genuina. ¿No te sientes atraída a esas personas que viven su vida de forma coherente con lo que predican? Vale la pena imitar ese estilo de vida. Las chicas de hoy tenemos un radar para detectar la hipocresía. Busca a alguien que sea igual cuando está arriba y cuando está abajo de una plataforma. Que muestre la misma actitud en público y en privado.

3. *Accesible*: No se trata simplemente de una figura pública a la que admiramos, pero con quien no tenemos una relación y se encuentra fuera de nuestro alcance. Tu mentor debe tener alguna clase de contacto

personal contigo. Piensa en alguien que esté dispuesto a escucharte e invertir de su tiempo en ti, aunque sea una o dos veces al mes. Alguien a quien puedas rendirle cuentas y muestre un interés genuino por tu persona.

4. *Que se interese por ti:* Parece que esto fuera mucho pedir de un mentor, pero podrás crecer mucho más a partir de esta relación si se trata de alguien a quien puedas rendirle cuentas de tu vida y que se interese por ti. Este interés puede llegar a desarrollarse con el tiempo, hasta que tu mentor no solo conteste tus preguntas, sino dialoguen acerca de cuestiones profundas para ayudarte a tener éxito en la vida.

5. *Humilde:* ¡Esta es la característica más importante! La humildad sigue siendo la cualidad de la gente que me rodea que más admiración me produce. Mucho más todavía si a pesar de haber tenido una vida exitosa, esta persona permanece siendo humilde y cooperando para que otros crezcan a partir de sus experiencias personales. Por lo general, cuando descubres la humildad de una persona, esto te hace querer cuidar y atesorar tu relación con ella.

¡Amiga, pon manos a la obra! Tal vez lo que te pido a continuación lleve tiempo. Quizás todavía no tengas ningún nombre que escribir, pero te desafío con mucho amor a que busques y encuentres estos tesoros que te traerán mucha paz y momentos de inmensa satisfacción y desarrollo personal.

Mis mentores son:

_____

_____

_____

_____

Por último, te invito a que reflexiones en las palabras que Pablo, como mentor experimentado, le escribió a Timoteo, su discípulo amado, a quien consideraba como un hijo. Sería increíble que en el futuro nuestros mentores puedan decir lo mismo de nosotras, querida amiga.

> *«Tú, en cambio, has seguido paso a paso mis enseñanzas, mi manera de vivir, mi propósito, mi fe, mi paciencia, mi amor, mi constancia, mis persecuciones y mis sufrimientos. Estás enterado de lo que sufrí en Antioquía, Iconio y Listra, y de las persecuciones que soporté. Y de todas ellas me libró el Señor».*
>
> *2 Timoteo 3:10-11*

Lo que más me gusta de este pasaje es que Pablo se deja ver tal cual es, sin pretender mostrar solo sus victorias ni su «mejor lado». Ruego a Dios que encuentres mentores transparentes, que te den permiso incluso de acompañarlos en sus pruebas y también de celebrar juntos sus triunfos.

42. TUS MODALES

Ya sé. No pudiste creerlo cuando leíste este título. Aunque te parezca innecesario hablar de este tema, la experiencia me dice que todas las chicas necesitamos aprender buenos modales y reforzar los que nuestros padres nos han enseñado. Eso si tuvimos la dicha de tener adultos que nos los hayan inculcado.

Hay una pequeña voz dentro de nosotros que susurra: «Yo primero». Nos dice que tenemos que agradarnos a nosotras mismas, conseguir lo que queremos y hacer todo lo que deseamos, sin importarnos nadie más. Si la idea de «yo primero» estuviera bien, nos pasaríamos la vida pisoteando los derechos y los sentimientos de los demás, y el mundo pronto se volvería un lío monumental.

No obstante, ahí es cuando entran en escena los buenos modales.

Los buenos modales no son un montón de reglas rigurosas inventadas por unos fastidiosos que quieren arruinarnos la vida. Los modales ayudan a la gente a llevarse bien entre sí. Nos hacen mejores y más amables. Nos enseñan a ponernos en los zapatos de los demás.

Una chica que elije tener buenos modales le está diciendo al mundo que ella cree que las otras personas también importan. Afirma que la vida no tiene que ver con lo que una persona hace para sí misma, sino con lo que la gente puede hacer junta por el bien común.

¿Y quién decide qué está bien y qué está mal? Todos nosotros.

Cuando hablamos sobre buenos modales nos referimos al modo en que la mayoría de la gente de cierto tiempo y determinado lugar piensa que los demás deberían comportarse. Lo que es amable en un país no siempre es amable en otro. Lo que era grosero hace cincuenta años atrás, no siempre es grosero hoy. Los modales dependen mucho de las costumbres, y las diferentes costumbres coexisten simultáneamente.

En un sentido, los modales no son tanto un conjunto de reglas, sino más bien un lenguaje que utilizas para decirles a otras personas lo que ellos pueden esperar de ti.

¿Eres confiable?

¿Solo piensas en ti?

¿Eres una buena amiga?

La gente va a observar tus modales y a tomar una decisión sobre ti.

Hay muchas ocasiones en las que necesitarás mostrar una conducta adecuada: cuando te presentas por primera vez ante una persona, durante una conversación, cuando te encuentras sentada a la mesa para comer, cuando visitas otra casa, cuando sales a un restaurante, con tus vecinos y hasta cuando te toca realizar un trámite o contestar una llamada telefónica. No importa la situación, existen muchos libros y sitios web que pueden darte consejos específicos para comportarte a la altura de las circunstancias en determinadas ocasiones.

Sin embargo, creo que hay una regla general básica que nos puede servir en la mayoría de las situaciones y deja una buena impresión: aprender a escuchar. Espera tu turno para hablar y asegúrate de no desviar siempre la atención hacia tu persona o lo que te ocurre. Procura mantener los ojos abiertos y buscar la forma de hacer algo por la necesidad del otro siempre.

Recuerda, querida amiga, que los chicos buscan señoritas de las que puedan sentirse orgullosos en todo momento. ¡Como por ejemplo, cuando llegue la hora de presentarte a sus padres! ¡Qué ocasión! Si practicas diariamente buenos modales, no solo te volverás más atractiva para los muchachos, sino que además, cuando te toque avanzar en la relación, estarás equipada con las herramientas necesarias que te harán hallar favor delante de los demás y caminar con gran seguridad.

_____

_____

_____

_____

43. TU RELACIÓN CON LOS DEMÁS

«Ama a tu prójimo como a ti mismo».
Mateo 22:39

«Donde hay gente, hay problemas». Esa es una frase que solía decir una hermosa mujer a quien respeto y admiro mucho. ¡Y estaba totalmente en lo cierto!

¡Qué difícil es llevarnos bien con las personas que nos rodean! Esto de las relaciones es todo un arte. Cuando parece que vamos conquistando el mundo de las relaciones interpersonales... ¡zas!, otro conflicto está a la puerta. Cuando parece que estamos en paz con todo el mundo a nuestro alrededor... ¡a la vuelta de la esquina se avecina un tsunami con quien menos nos imaginábamos!

Amiga, partamos de la base de que es imposible llevarnos bien con los demás si primero no podemos amarnos y aceptarnos a nosotras mismas. Por eso quise dar inicio a este capítulo con el versículo que lo encabeza. Resulta imposible amar y soportar a nuestro vecino si todavía estamos lidiando con cuestiones internas que no podemos resolver. En el capítulo «Tu autoimagen» se encuentra un buen ejercicio para rendir a Dios esta parte esencial de tu vida.

Una vez aclarado esto, enfoquémonos ahora en el trato hacia los demás. Aquí te ofrezco unos consejos bien prácticos que te ayudarán a vivir en relativa paz con quienes te rodean y a establecer relaciones saludables.

No dejes que te ofendan fácilmente. Evita estar siempre a la defensiva o pensando mal de los demás. Hazte el firme propósito de pensar siempre bien de quienes te rodean y cultiva este hábito, el cual alejará de tu mente esos pensamientos fantasmas que tantas veces tenemos y ni siquiera son reales.

Si te ofenden, sé rápida para perdonar. No albergues un resentimiento que te destruirá por dentro. Debes extenderles a los demás el mismo perdón que recibes continuamente de tu Dios.

¡Aprende a escuchar! Aunque al principio te cueste, pon toda tu atención en lo que los demás te están diciendo, y no seas rápida para hablar ni exponer tus ideas, experiencias o anécdotas. Procura alejar la atención de ti misma y ponerla en los demás. Con tu silencio le estás comunicando al otro lo importante que es para ti.

Aléjate de los conflictos y busca la paz. Proverbios 20:3 dice: «Honroso es al hombre evitar la contienda, pero no hay necio que no inicie un pleito». ¿Cómo hacemos para mantenernos alejados de los conflictos? Simplemente evitando conversaciones que nos lleven a contender. Procura con diligencia morir al deseo de tener razón y escoge ante todo ser una pacificadora. Por lo general, la persona conflictiva es inmadura y le cuesta muchísimo relacionarse con los demás.

Recurre a la gracia de Dios. Gracia es el poder del Espíritu Santo que Dios nos ofrece gratuitamente. Por su gracia podemos hacer de manera más fácil lo que nunca haríamos por nosotras mismas, con nuestras fuerzas. Ora diariamente para que tu Padre te llene de un favor y una gracia sobrenaturales a fin de relacionarte de manera eficaz con el resto de la gente. Su gracia y su favor serán evidentes en tu vida y todo tu entorno comenzará a notarlo.

Y por último, conviértete en alguien que busca solo agradar a Dios. Recuerda que sobre todas las otras opiniones, está lo que tu Padre piensa de ti. Descubre sus palabras de amor y aceptación en la Biblia.

A continuación te dejo un desafío muy especial. Pon en práctica estos consejos con alguna persona con la cual hayas tenido problemas para llevarte bien últimamente. Registra en estas líneas los cambios que hayas observado en tu trato con ella y tu conclusión personal.

_____

_____

_____

_____

44. TU PUREZA

Amiga, me encantaría poder creer que en cada una de nosotras hay una inocencia eterna que trasciende el paso del tiempo. Una transparencia, una integridad y una pureza que se encuentran tan arraigadas a nuestro sistema de valores que nos conducen a un fuerte compromiso con nosotras mismas, nuestro chico y Dios.

Intimidad, caricias, sexo...

¿Qué ganas con esperar?

¿Qué ganan tanto tu chico como tú al esperar?

Déjame incluir aquí un escrito de Josh McDowell que te traerá claridad en cuanto a este tema:

> Nuestros jóvenes necesitan saber que hay emociones sexuales que superan el impulso de tener gratificación instantánea. Compara estas dos historias:
>
> 1. Él la pasa a buscar en el auto de su madre, se dirigen a un lugar oscuro y tienen sexo. Se quedan paralizados cada vez que los focos de algún auto los alumbran. Una emoción rápida, que pronto se termina. Más tarde, se va cada uno a su casa. Él está bastante seguro de que ella tomó alguna píldora o algo, pero no está totalmente tranquilo. Ahora el chico espera que ella no comience a llamarlo todo el tiempo. La chica está en su casa tratando de probarse a sí misma que el sexo casual está bien. Se siente sola e insegura sobre esta relación. Ella espera que él no haya tenido sexo con ninguna mujer de mala vida últimamente. Se pregunta si debería llamarlo.
>
> 2. Tienen toda la casa para ellos. Ha sido su hogar desde que se casaron hace dos años. Él ayuda a su esposa a lavar los platos mientras ambos se dirigen sonrisas pícaras de anticipación. Hay mucho juego, toques y besos. Los dos saben cómo va a terminar la noche, pero mientras, disfrutan de cada minuto. Más tarde, en una habitación alumbrada por una sola vela, redescubren la emoción que parece ser mejor cada vez. Al terminar, ambos disfrutan el solo hecho de estar cerca y susurrarse palabras dulces y amorosas el uno al otro.

Al levantarse por la mañana, aún seguirán juntos. No hay nada que esconder, nada que temer, nada que cambiar. Y será así por el resto de sus vidas.

¿Cuál de las dos es la mejor y más duradera emoción? ¿Por cuál vale la pena esperar y cuál debemos anhelar? Sin duda el sexo es una emoción. Pero debe haber total confianza, total compromiso y total aceptación. Y esas actitudes son solo posibles en el matrimonio. Vale la pena esperar.

Tal vez esperar hasta el matrimonio para tener relaciones sexuales no sea la norma hoy en día, sin embargo, ¿por qué conformarse simplemente con algo tan pequeño como seguir la norma?

Asegúrate de que te respetas lo suficiente a ti misma como para no conformarte con ser un número más de una estadística de promiscuidad. Desarrolla un sentido de integridad, respeto por ti misma y dignidad que te lleven a marcar una diferencia. Ojalá que tu chico y tú no se dejen influenciar tan fácilmente por la cultura, sino que tengan principios superiores y no claudiquen. Atrévanse a vivir con un espíritu superior como el de Daniel, quien a una temprana edad eligió no contaminarse con la comida del rey. Él decidió que no sería igual al resto. Y afirmó su decisión con acciones concretas que pronto hicieron que los demás lo vieran como alguien diferente.

Cuando tienes intimidad con un chico fuera de los límites establecidos por Dios, te unes a él no solo físicamente, sino también tu mente y tu espíritu están involucrados en el acto. Muchos de los que se casan habiendo tenido relaciones con otros antes mantienen vínculos y recuerdos emocionales y espirituales que los ligan a esas personas que formaron parte de sus experiencias en el pasado.

Las relaciones sexuales antes del matrimonio disminuyen con el tiempo la calidad e intensidad del amor en la vida matrimonial y familiar, ya que uno o ambos cónyuges tendrán siempre como recuerdo de «su primer amor» a «otra persona», que no será precisamente el padre (o la madre) de sus propios hijos.

Quiero que sepas que sí es posible que las chicas y los chicos cristianos controlen el deseo sexual, vivan con pureza y no sientan conflictos.

¿Tienen una relación de noviazgo y ya han transgredido los límites? Declaren un «nuevo comienzo». Si piensan que en su noviazgo ya han cedido demasiado y cometido muchos errores, no se desanimen. Tomen la decisión de no continuar por el mismo camino que los ha llenado de frustración y culpabilidad. Lo hermoso del amor de Jesús es que él desea perdonarnos, restaurarnos y borrar nuestros pecados. Declaren juntos un nuevo comienzo y aférrense a la gracia de Dios para renovar el pacto de santidad que los llevará a una felicidad y plenitud supremas por haber cumplido con la voluntad de Dios.

Querida amiga, vivir en santidad es difícil, pero vale la pena. En el capítulo «Bonus», que incluí en este libro, quiero darte la oportunidad de hacer el compromiso formal de vivir una vida de pureza que honre a Dios.

BONUS: LA OTRA CARA DEL PLACER

Hoy está muy de moda tener relaciones sexuales ocasionales debido a que «todos lo hacen», «si todavía no lo hiciste estás fuera de onda», o simplemente porque si te acuestas con alguien ya tendrás tu «propia historia» y no sentirás la presión de tus pares. No obstante, hablemos de lo que nadie te cuenta sobre las relaciones sexuales extramatrimoniales, de la otra cara del placer.

Según la Campaña Nacional de Prevención de Embarazos en Adolescentes, entre el sesenta y siete y el ochenta y uno por ciento de los adolescentes que han tenido sexo desean haber esperado. ¡Eso es un montón de chicos arrepentidos!

¿Sabías que además de enfermedades físicas también hay enfermedades emocionales de transmisión sexual? Aquí te ofrezco algunos ejemplos:

× *La depresión*: Este es el mayor efecto secundario emocional en los adolescentes sexualmente activos. También existe una conexión importante entre el sexo adolescente y el suicidio.

× *La traición:* Alguien se entrega a este momento sexual íntimo esperando que la otra persona honre y proteja lo que sucedió entre ellos. Al día siguiente en la escuela, la gente está murmurando sobre lo que pasó y tiene datos específicos. Con seguridad, si esto te sucede, te vas a sentir traicionada como si hubieran arrancado una parte de ti.

× *El abandono:* A veces casi inmediatamente después de haber tenido relaciones sexuales ocasionales, uno de los dos (por lo general el chico) entra en pánico y abandona la relación.

× *El rechazo:* El sexo expone a la persona a un tremendo rechazo. Quedas vulnerable por completo física, emocional y espiritualmente. La otra persona puede destruirte en un instante con burlas, comentarios sobre tu físico, o la desilusión si no fuiste lo que esperaba.

* *La culpa:* La mayoría de las veces la culpa es el efecto secundario natural de hacer algo que está mal. El sexo trae la culpa de exponerte a alguien que no está comprometido contigo. La culpa de ir en contra de Dios. La culpa asociada con la desilusión de tus padres. Tal vez esto al menos sirva para que te detengas y pienses sobre lo que estás haciendo.

* *La inseguridad:* No hay manera de involucrarte en esto del sexo adolescente y sentirte completamente segura. El fundamento sobre el cual todo lo sexual se construye es la aceptación y el compromiso total, que solo se encuentran en el matrimonio.

* *La indignidad:* La joven se siente humillada. Ha perdido lo más valioso que tenía: su virginidad. Ese tesoro precioso es el único regalo que le puedes dar a una sola persona, una sola vez en la vida, y está destinado para tu futuro esposo.

El pecado nunca ha dado dividendos, y menos a quien tiene un sueño. Cuando sabes hacia dónde te diriges, no estás dispuesta a demorar tu destino. Ceder a esas tentaciones puede modificar tu futuro de forma negativa, y no querrás negociar un momento de placer por una vida de bendición y realización. El pasado ya pasó. Quizás estés lidiando con las consecuencias de tus decisiones anteriores, pero eso no significa que ya no haya esperanza. La gracia de Dios se extiende para abrazarte.

> *«Porque el SEÑOR es bueno y su gran amor es eterno; su fidelidad permanece para siempre».*
> *Salmo 100:5*

Los brazos llenos de amor de Dios están dispuestos a recibirte y el poder del Espíritu Santo te dará las fuerzas para renovar tu pacto de santidad. Hoy te invito a que renueves tu decisión de mantener la pureza ante Dios y a que registres este día como un nuevo comienzo en este ámbito.

Mi pacto de santidad

Yo _____ decido en este día vivir en pureza sexual y abstenerme de mantener relaciones sexuales hasta el día del matrimonio. Deseo honrar a mi Creador, a mis padres y a la gente que tiene expectativas buenas en cuanto a mí. Deseo guardarme en abstinencia hasta el día de mi matrimonio. Deseo honrarme a mí misma reconociendo que mi cuerpo es el templo del Espíritu Santo.

_____
Tu firma aquí

Notas personales:

_____
_____
_____
_____
_____
_____
_____
_____
_____
_____
_____
_____
_____
_____
_____
_____
_____
_____
_____
_____
_____

Notas personales:

Notas personales:

Notas personales:

Palabras finales

Mi mayor deseo es que estas páginas te ayuden a encontrarte con Dios a diario, y que en el emocionante trayecto de niña a mujer, puedas hacer de Jesús el modelo a seguir y tu confidente. Espero también que hayas podido ir completando las tareas que te propuse en cada capítulo y que en unos años más descubras con satisfacción que varios de estos consejos prácticos han resultado útiles tanto para tu propia vida como para compartirlos con tus amigas a fin de ayudarlas.

Por último, te invito a visitar www.chicalatina.us y seguirnos en Facebook, Twitter e Instagram @ChicaLatinaEj

¿Qué es Chica Latina?

ChicaLatina
una chica diferente

Chica Latina es parte de Especialidades Juveniles, una organización pionera en capacitar a líderes de jóvenes en el mundo de habla hispana y que ofrece los mejores recursos y entrenamientos a quienes ministran a la juventud. Chica Latina es un lugar para todas las chicas que aman a Dios. Allí encontrarás recursos, artículos interesantes y materiales para chicas. ¡También puedes hacer de Chica Latina un sitio donde te encuentres con otras jóvenes que aman a Jesús y quieren reflejarlo dondequiera que van!

ChicaLatina
una chica diferente
TOUR

Chica Latina Tour© es una jornada tratando los temas más vigentes para las chicas, llena de actividades apasionantes destinadas a que ellas se encuentren con Dios y forjen amistades saludables. Este es un evento muy fácil de tener en tu iglesia que logrará impactar a las chicas de tu comunidad con resultados duraderos.

Confiamos en ustedes. Confiamos en esta generación de adolescentes hermosas, seguras de sí mismas, sanas emocionalmente y cuya identidad está basada en las palabras que Dios habla acerca de ellas. Por ustedes estamos dispuestas a luchar, porque sabemos que vale la pena invertir nuestra vida en esta generación.

¡Vamos, chica latina! Sé parte del equipo y déjanos tu comentario, pregunta o inquietud en usa@especialidadesjuveniles.com

¡Chica latina... una chica diferente!

Carina Valerga

PROMESAS
DE LA BIBLIA
PARA CHICAS

SANTA BIBLIA PARA CHICAS

Santa Biblia
para chicas

EL CÓDIGO
DE LA PUREZA

EL PLAN DE DIOS PARA DISFRUTAR DE TU SEXUALIDAD

VIVE
CÓMO APROVECHAR
AL MÁXIMO TU JUVENTUD

Cómo encontrar el amor de tu vida

Los secretos de un noviazgo exitoso

EJ

LOS SECRETOS DE UN NOVIAZGO EXITOSO

CÓMO ENCONTRAR EL AMOR DE TU VIDA

HUGO Y TATI MARTINEZ

Editorial Vida

101 PREGUNTAS DIFÍCILES

y 101 RESPUESTAS DIRECTAS

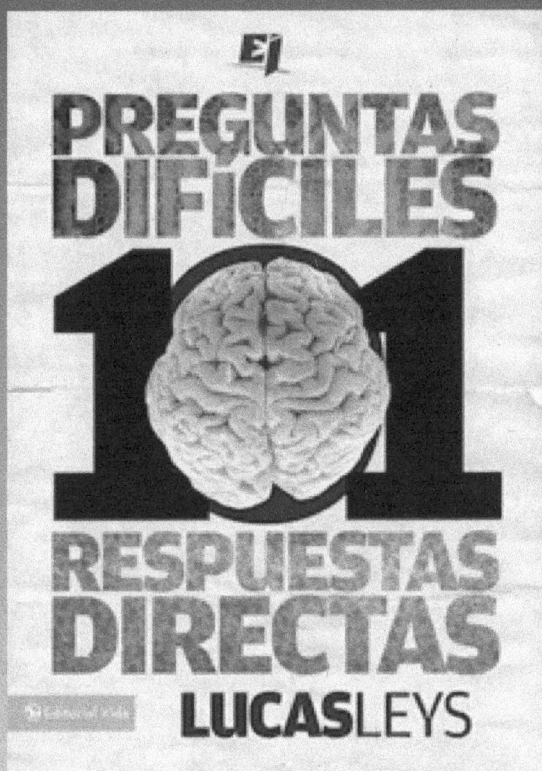

Nos agradaría recibir noticias suyas.
Por favor, envíe sus comentarios sobre este libro a
la dirección que aparece a continuación.
Muchas gracias.

Editorial Vida®
.com

vida@zondervan.com
www.editorialvida.com

www.ingramcontent.com/pod-product-compliance
Lightning Source LLC
Chambersburg PA
CBHW011800040426
42447CB00016B/3456